Fetal Education Bible

胎教圣经

高振敏 著

SPM 南方出版传媒

广东科技出版社 | 全国优秀出版社

· 广 州 ·

图书在版编目（CIP）数据

胎教圣经／高振敏著.—广州：广东科技出版社，2015.9

（辣妈育儿）

ISBN 978-7-5359-6215-7

Ⅰ.①胎… Ⅱ.①高… Ⅲ.①胎教－基本知识

Ⅳ.① G61

中国版本图书馆 CIP 数据核字（2015）第 165750 号

Taijiao Shengjing

胎教圣经

责任编辑：刘锦业

封面设计：夏　鹏

责任校对：冯思婧　谭　曦　罗美玲

责任印制：任建强

出版发行：广东科技出版社

（广州市环市东路水荫路 11 号　邮政编码：510075）

http：//www.gdstp.com.cn

E-mail：gdkjyxb@gdstp.com.cn（营销中心）

E-mail：gdkjzbb@gdstp.com.cn（总编办）

经　　销：广东新华发行集团股份有限公司

印　　刷：北京恒石彩印有限公司

（北京市大兴区西红门镇福兴路 19 号　邮政编码：100076）

规　　格：787mm×1 092mm　1/16　印张12　字数210千

版　　次：2015年9月第1版

　　　　　2015年9月第1次印刷

定　　价：39.90元

如发现因印装质量问题影响阅读，请与承印厂联系调换。

前　言

科学研究发现，胎宝宝天生具有学习能力。胎教是准父母与胎宝宝的最初的交流，也是胎宝宝的第一堂课。如果对胎宝宝进行科学合理的胎教，那么将会对孩子的智力以及人格的发展有很大的帮助。

很多父母都相信，倘若对胎宝宝进行科学有效的胎教，那么生出的宝宝就会聪明又健康，而且他们还把这个当作进行胎教的核心理由，但是在实际的操作过程中总会遇到各种问题：

怎样选择合适的胎教音乐？

怎样读胎教故事？

哪些电影可以用来做胎教？

……

种种困惑难住了准妈妈和准爸爸，在尝到初为父母的喜悦后，心中还有那么一点小小的担心——如何给腹中的胎宝宝最好的胎教？

有关胎教的书很多，但基本上都是指导准妈妈从怀孕第一天到分娩每天做什么，其实，每个准妈妈都面临不同的情况，这种方式框定了每天做什么，大大限制了准妈妈对于胎教的自主发挥，对妈妈和宝宝的个性发展会有一定的限制。

其实，胎教也没有必要追求定式，在孕期，准妈妈可以通过聆听美妙的音乐、欣赏精美的散文、朗诵优美的诗歌、阅读有趣的故事、玩玩益智的手工、翻阅可爱的笑话，以及真诚的胎谈、温柔的抚摸、科学的运动方案和营养摄取等方式，为胎宝宝提供一个良好的成长环境。

从怀孕的第一天起，让胎宝宝陪着准妈妈一起早起、吃饭、工作、休息，从一句"早安"的问候中开启新的一天，给胎宝宝唱首《拔萝卜》、听听《月光曲》、讲讲《小马过河》的故事、读读诗词，再与准爸爸一起观看一部电影，临睡前，向胎宝宝道一句"晚安"，完成一整天的胎教。

在胎宝宝渐渐长大的过程中，准父母需要根据其成长的进展情况对胎宝宝进行循序渐进的教育和保护，这就是神奇但并不神秘的胎教过程。

但胎教的目的可不是制造神童，我们之所以提倡胎教，是因为胎教可以尽可能早地发掘个体的潜能，让每一个胎宝宝的天赋得到充分的发挥。

谁说胎教很枯燥？

谁说胎教很单调？

谁说孕妇不漂亮？

谁说孕期很难熬？

那都是因为没找对方法，没发现其中的乐趣！

爱与智慧的大门此刻为你打开，里面是鸟语花香的世外桃源，还是如梦如幻的童话世界，都需要你和宝贝亲自去体验，去细细品味。宝贝的每一点成长、每一点提高，你的每一次开怀大笑、每一次心灵震撼，都是我们最大的快乐。

高振敏

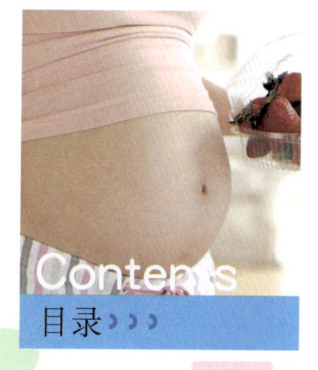

Contents

目录 >>>

Mother&Baby

PART 01

土肥才能苗壮，成功胎教始于好孕

Chapter 1

老老实实做好孕前检查，扫除备孕路上拦路虎

2 孕前检查的主要内容

3 月经检查

3 尿常规检查

3 妇科内分泌检查

4 乳房检查

4 血常规检查

5 肝功能检查

5 病毒检查TORCH

Chapter 2

优质的精子、卵子是这样炼成的

6 心理调养：怀孕前，先调心

10 饮食调养：为母婴健康提供有力的保障

12 运动锻炼：为孕育准备一个健康的身体

Chapter 3

算好排卵期，怀孕也讲究"良辰吉日"

14 选择最佳的怀孕时间

15 掌握成功受孕的技巧

PART 02

胎教不仅是一门技术，更是一种态度

Chapter 1
真的很神奇，胎宝宝竟然能听懂你的话

20 胎宝宝大脑发育和意识的产生

20 视觉发育

21 听觉发育

21 记忆力

21 触觉发育

Chapter 2
别不相信，受过良好胎教的宝宝就是不一样

22 什么是胎教

23 胎宝宝的感知和学习能力

24 胎宝宝是怎样学习的

24 胎教可以让宝宝更聪明

Chapter 3
胎教到底教什么

26 情绪胎教

28 营养胎教

30 环境胎教

32 运动胎教

34 抚摸胎教

35 光照胎教

36 语言胎教

38 美育胎教

40 音乐胎教

Chapter 4
最应该注意的胎教问题

42 胎教不是为了塑造"神童"

42 胎教应适度进行

43 不要盲目选择胎教方案

43 以平和的心态进行胎教

43 胎教从孕前3个月开始准备最合适

Chapter 5
爸爸——胎教最不可缺少的主角

44 和妻子一起制订胎教计划

44 协助准妈妈"养胎"

45 主动节制性生活

PART 03

孕早期（孕1～3个月）：胎教就要从现在开始

Chapter 1
孕1月　早一天胎教，早一天受益

48 胎宝宝像个小海马

49 准妈妈基础体温上升了，有点紧张

50 制订全面的胎教计划

52 ●孕1月胎教日记要点 胎教日记要突出当月胎教的重点

53 ●本月胎教小课堂 准妈妈要始终保持良好的情绪

54 尽早确定妊娠

Chapter 2
孕2月　良好的胎教促进胚胎发育

56 胎宝宝主要脏器开始形成

57 准妈妈开始呕吐了，感到有些不安

59 营养胎教：帮助2个月胎宝宝健康度过器官发育的起步阶段

61 保持良好的心理状态，是对胎宝宝早期最好的胎教

63 呼唤胎教：刺激2个月胎宝宝最初的大脑发育

63 用音乐调节准妈妈早孕的紧张情绪

65 准妈妈烦躁时，准爸爸要帮她平静下来

66 ●孕2月胎教日记要点 准妈妈在音乐胎教中找到最美妙的触动

67 ●本月胎教小课堂 怎样开展呼唤胎教

68 改变不良生活习惯缓解早孕现象

Chapter 3

孕3月 根据胎宝宝的发育开展营养胎教

70 胎宝宝全身器官大致出现

71 准妈妈的肚子还没有动静，有点烦躁

72 均衡的营养确保胎宝宝早期脑发育

76 抚摸胎教：训练3个月胎宝宝初始的触觉发育

77 对话胎教：促进3个月胎宝宝的早期身心发育从沟通开始

78 继续音乐胎教：培养准妈妈孕早期镇静平和的情绪

80 ●孕3月胎教日记要点 重视第一次孕期健康检查

81 ●本月胎教小课堂 怎样开展抚摸（按摩、触压）胎教

82 准妈妈不宜吃的食物

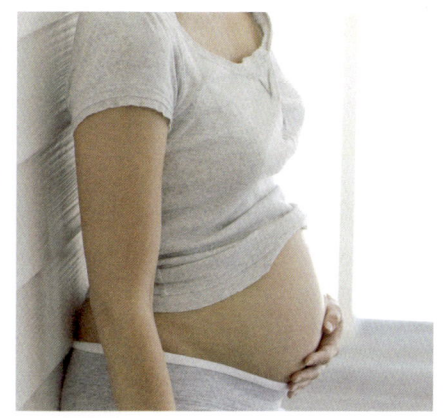

PART 04

孕中期（孕4～7个月）：别放松，这是胎教的加强期

Chapter 1

孕4月 开展语言胎教的最佳时期

86 胎宝宝的心音能测到了，还会做小动作

87 准妈妈的肚子微微凸起，有时还是会担心

88 语言胎教：建立胎宝宝对语言的最初记忆

89 按摩胎教：刺激胎宝宝的早期身体反应

90 光照胎教：适度刺激胎宝宝视觉的早期发育

91 第4个月开始，准妈妈膳食要补钙

92 ●孕4月胎教日记要点 念读适宜的民谣和儿童诗

93 ●本月胎教小课堂 语言胎教要选择语言简明、富有画面感的内容

94 孕中期准妈妈的健康不可忽视

Chapter 2

孕5月　帮助胎宝宝张开活动的翅膀

96　胎宝宝已经分出男女了

97　准妈妈的腹部逐渐隆起，感到有
　　点害羞

98　游戏胎教：每天互动可以帮助胎
　　宝宝最初的运动发育

100　运动胎教：准妈妈徒手操帮助胎
　　　宝宝肢体活动

101　加强音乐胎教：给胎宝宝一个美
　　　好的情绪环境

102　进一步语言胎教：播放磁带或CD，
　　　全面刺激胎宝宝的听力和大脑

103　饮食胎教：抓紧饮食补充铁、蛋
　　　白质和钙质

106　●孕5月胎教日记要点 帮助胎宝宝
　　　做"体操"

107　●本月胎教小课堂 怎样开展运动
　　　胎教

108　孕中期缓解不适有良策

Chapter 3

孕6月　像对待婴儿那样对待胎宝宝

110　胎宝宝能自由地活动了

111　准妈妈的腹部越来越大，情绪有
　　　时不稳定

112　深入开展音乐胎教：胎宝宝"听"
　　　音乐，促进早期神经细胞生长

113　运动胎教：促进血液循环，刺激
　　　胎宝宝适度运动

115　饮食胎教：注意补充维生素

116　继续对话和语言胎教：促进胎宝
　　　宝情感进一步发育

118　●孕6月胎教日记要点 想象音乐的
　　　美妙意境

119　●本月胎教小课堂 怎样开展对话胎教

120　坚持家庭监测

Chapter 4

孕7月　胎宝宝和准妈妈的甜蜜交流

122　胎宝宝身体完成了基本的构造

123　准妈妈出现浮肿了，有点劳神

124　运动胎教：学习孕妇操，促进胎
　　　宝宝大脑及肌肉发育

126　加强对话胎教：刺激胎宝宝的记
　　　忆形成

127　加强游戏胎教：训练胎宝宝触觉
　　　进一步发展

128　加强语言胎教：促进胎宝宝思维
　　　的深入发育

129　加强饮食胎教：准妈妈继续补充
　　　各种营养素

132　●孕7月胎教日记要点 科学使用胎
　　　教传声器

133　●本月胎教小课堂 怎样开展游戏胎教

134　不要忽视孕中期的健康检查

PART
05

孕晚期（孕 8 ~ 10 个月）：
宝贝将到，抓住胎教关键期

Chapter 1

孕8月　迎接胎教的"尖峰时刻"

138 胎宝宝在迅速成长

139 准妈妈腹部妊娠纹加深了，开始心存焦虑

140 开展联想胎教：促进胎宝宝形成意识的萌动

141 加强音乐胎教：刺激胎宝宝情绪的强化发育

142 运动胎教：促进胎宝宝肢体的活动发展

144 强化光照胎教：刺激胎宝宝视觉产生反应

145 综合进行对话、语言及抚摸胎教：触动胎宝宝心智的综合发育

146 加强饮食胎教：继续补充维生素、蛋白质和矿物质

148 ●孕8月胎教日记要点 阅读适宜胎教的美文

151 ●本月胎教小课堂 怎样开展联想胎教

152 孕晚期准妈妈不能太肥胖

Chapter 2

孕9月　对胎宝宝实施全方位胎教

154 胎宝宝基本发育成熟

155 准妈妈身体负担越来越重，有点着急了

156 展开美育胎教：对胎宝宝进行最初的心智训练

157 加强联想胎教：刺激胎宝宝意识的发展

158 继续音乐胎教：促进胎宝宝情绪的进一步发展

159 继续进行对话、语言、运动及光照胎教：促使胎宝宝身心全面发育

160 加强饮食胎教：多吃海产品

162 ●孕9月胎教日记要点 欣赏美术作品

163 ●本月胎教小课堂 美育胎教和联想胎教结合运用

164 产前制订好分娩计划

Chapter 3

孕10月　用良好的心境给胎宝宝一个温馨的家

166 胎宝宝红润丰满

167 准妈妈大腹便便、身体笨重，情绪有些反复

168 开展情绪胎教：给胎宝宝带来美好情绪

169 进行适度的语言胎教、音乐胎教、运动胎教：让胎宝宝进入良好的临产状态

171 ●孕10月胎教日记要点 全面总结胎养胎教

172 密切关注胎动，掌握分娩必备常识

174 附录

天才宝宝的"延伸教育"

MOTHER
&
BABY

土肥才能苗壮，
成功胎教始于好孕

优生优育始于孕前，
它不仅需要准父母拥有健康的身体、
加强营养补充、建立健康的生活方式，
还必需及早储备全面的胎教知识，
让"好孕"伴随胎宝宝的成长。

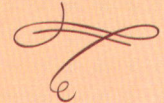

老老实实做好孕前检查，
扫除备孕路上拦路虎

孕前检查的主要内容

孕前检查主要内容包括对男女双方疾病史的了解和进行系统的体格检查。

👑 家族史

包括对三代以内直系、旁系亲属的健康情况的询问，尤其是有无遗传病、精神病和传染病史等。

👑 健康状况

夫妻进行孕前检查，可使双方都能真正了解对方是否健康。医生也应该向他们宣传优生优育知识以及性生理、性卫生等保健知识。

患有心、肝、肺、肾病的人和正处高血压急性期的人，须待病情痊愈后方可怀孕。患有唐氏综合征、严重的精神病、麻风病、梅毒和红斑狼疮者暂时不宜怀孕。

月经检查

月经异常的症状一般表现为：痛经、经期提前或经期推后、排卵期出血、月经血量过多或过少等。这些情况往往会导致日后发生不孕。

轻微的痛经是正常的生理现象，但是严重的痛经就有可能是子宫内膜异位、子宫肌瘤、盆腔炎、子宫内膜炎等疾病引起的了，最好到医院检查一下。

月经周期一般为25～35天，如果超过40天或者不足20天，都属于不正常情况，要警惕子宫病变。月经持续3～6天属于正常，如果超出7天，就要怀疑功能性子宫出血、排卵不正常、子宫收缩不好，或者其他子宫病变了。经血过多或过少同样要引起警惕。经血过多（每隔2小时就必须得换卫生巾）可能是内分泌失调造成的，也有可能是子宫肌瘤引起的。经血过少则可能有情绪的影响、营养不良的原因，或者是口服避孕药导致，也有可能是子宫内膜结核等疾病引发的。

尿常规检查

通过尿常规检查可以排除糖尿病、尿道感染、肾炎等疾病，有助于肾脏疾患的早期诊断，如果有肾脏疾病，应在治愈的基础上再怀孕。因为10个月的孕期对母亲的肾脏系统是一个巨大的考验，身体的代谢增加，会使肾脏的负担加重，肾脏疾病对母亲和胎儿都是有危险的。

妇科内分泌检查

妇科内分泌会直接影响到女性可否正常受孕和受精卵是否可在母体内正常发育。妇科内分泌检查主要包括以下6项指标。

黄体生成素（luteinizing hormone，LH）

主要功能是促进排卵，形成黄体分泌激素。LH值低提示促性腺激素功能低下，LH值高则提示卵巢有病变。

促卵泡激素（follicle-stimulating hormone，FSH）

主要功能是促进卵泡的发育和成熟。FSH值高可能是卵巢早衰、卵巢不敏感、原发性闭经等，会造成不孕。

♛ 垂体泌乳素（pituitary prolactin，PRL）

主要功能是促进乳腺的发育、乳汁的生成和排乳。PRL值过高可能是脑垂体肿瘤和甲状腺功能低下。

♛ 雌二醇（estradiol，E2）

主要功能是使子宫内膜生长，为受精卵着床作准备，在雌二醇和孕激素共同作用下，可促进乳腺发育。E2值低提示卵巢功能低下，乳腺发育不良，会影响受孕及之后的哺乳。E2值高可能已怀孕或有卵巢肿瘤。

♛ 黄体酮（progesterone，P）

主要功能是促使子宫内膜从增殖期转变为分泌期。P值低提示黄体功能不全及排卵型功血。

♛ 睾酮（testosterone，T）

主要作用是引起性欲。T值高称高睾酮血症，可引起女性不育。

乳房检查

从宝宝出生到至少6个月，母乳都是宝宝的最佳营养源，妈妈母乳不足或因乳房疾病不能为宝宝提供母乳，会让母婴都很痛苦。所以在有怀孕打算的时候，不要忽略了乳房检查。进行乳房检查时，要警惕两种良性肿块——一种是乳房纤维囊肿，发炎的纤维囊内充满液体，外表光滑，触之疼痛，把液体抽出后，炎症就会消退；另一种是乳房纤维瘤，这种肿块韧如橡胶，可在局部麻醉的情况下，切除肿块，避免其转为恶性。

血常规检查

在怀孕之前一定要认真地做个血常规检查，它可以显示你的血液供应是否充足（是否有贫血）、凝血功能如何（血小板数量）等重要信息。

做血常规检查时，别忘了要求医生顺便给你和你丈夫做个血型鉴定。这样做的目的有二：第一，为了明确你的血型，以便在生产过程中发生失血时，省去血型鉴定这一环节，节约宝贵的救命时间；第二，更重要的是可以确定你们将来的宝宝会不会发生新生儿溶血症。

新生儿溶血症是因为胎儿与母亲的血型不合而导致的，它的主要症状就是黄疸，此外还可能有贫血和肝脾肿大等表现，严重者会发生胆红素脑病，影响宝宝智力，更严重的还有可能引发新生儿心力衰竭而导致死亡。常见的有两种血型系统不合：ABO血型系统不合和Rh血型系统不合。

肝功能检查

肝是人体重要的解毒器官，肝功能不正常对身体的危害是很大的，尤其是在怀孕这样免疫力降低的特殊时期。另外若母亲携带有肝炎病毒还会传染给胎儿。所以孕前做一次肝的全面检查是非常必要的。

在进行肝功能检查时，除了要做乙肝全套检查外，还应该检查转氨酶、血清总胆汁酸、胆红素等项目，及甲乙丙肝炎病毒抗原抗体。

病毒检查TORCH

多年临床资料发现，孕期流产、死胎或胎儿畸形等，许多与母体病毒感染有关。因此，为安全起见，孕前应做相应的检查。目前需检查的几种病原体是弓形虫（toxoplasma gondii，T）、风疹病毒（rubella virus，R）、巨细胞病毒（cytomegalovirus，C）、单纯疱疹病毒H型（herpes simplex virus H type，H）以及其他病毒（other viruses，O），合称为TORCH。这些病毒对成人往往影响不明显，甚至感染了也不会出现症状，但是对分化、生长中的胎儿却可带来巨大的伤害。

优质的精子、卵子是这样炼成的

心理调养：怀孕前，先调心

♔ 具备积极的生育态度

现实生活中，对待怀孕有些人顺其自然，有些人是既然怀孕也就无可奈何，还有些人早就计划要孩子，现在怀孕了，当然很是欢喜。这几种不同的态度对妊娠的影响也将截然不同。

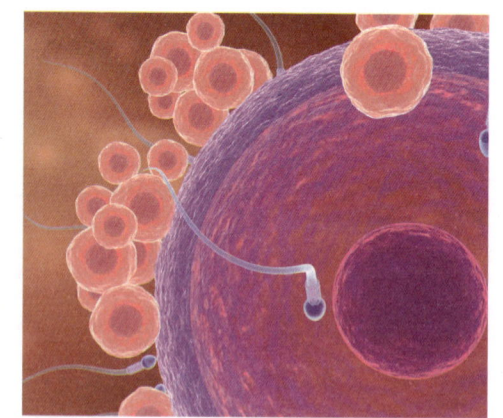

第一种情况是一切听之任之，倒也自在。怀孕本为自然的生理过程，既然结婚成家了，有孩子也是自然的，不惊慌，不恐惧，心态平和。

第二种有些不愿意，又不愿做流产。这种无奈的心理不好，既然选择要孩子了，就要有积极的生育态度。

第三种以乐观的心情迎接新生命的到来，宫内胎儿也会感觉到这种欢乐气氛而生长发育得更好。

第四种态度是真正要不得的。有些夫妻，婚后关系不融洽，婚姻处于危险的边缘，而想以生孩子来改善双方的关系，把孩子作为婚姻的纽带。这有两种情况可能发生，一是确实使婚姻关系得到改善；二是孩子的到来并没有给摇摇欲坠的婚姻带来转机，这对孩子是极不负责任的。

要孩子应建立在稳固的家庭婚姻关系基础上。夫妻双方都愿意有一个小宝宝，并愿意肩负起做父母的责任，以欢乐、祥和的态度迎接新生命的到来。

👑 做好孕前的心理准备

心理准备也就是思想上的准备。主要是调整心理、精神状态，准备迎接新生命的诞生。很多成年女性都渴望有一个健康活泼的小宝宝，然而孕育小生命是一个漫长而又艰辛的过程。从准备怀孕起，未来的妈妈们便将开始经历生命中最大的变化。为了更好地适应这一变化，孕前良好的心理准备对准妈妈来说至关重要。

● 愉快地接受孕期的各种变化

怀孕会使女人在体形、情绪、饮食、生活习惯、对丈夫的依赖性等诸多方面发生变化，所有这一切都是正常的而且必须经历的自然过程。想做妈妈的人都应以平和自然的心境来迎接怀孕和分娩的到来。

● 接受未来家庭心理空间的变化

小生命的诞生会使夫妻的二人生活格局变为三人生活格局。孩子不仅要占据父母的生活空间，而且要占据夫妻各自在对方心中的情感空间。这种心理空间的变化往往为年轻夫妇所忽视，从而感到难以适应。

● 做好受累的心理准备

孩子的出生会给家庭增加许多家务，夫妇双方要共同分担。特别是妻子，生了孩子后，既要上班，又要照顾孩子，还要操持家务，因此，丈夫更要主动承担家务，切忌大男子主义。

♕ 避开压力，快乐怀孕

对于急切想要宝宝的夫妇来说，等待是一种最残酷的考验，尤其是女性。在这个阶段，沮丧、挫败感、压力、悲伤等消极的情绪都会不约而至。没有人能够知道等待会是多久，也许只有2～3个月，也许会是一年半载。毅力固然重要，但适时地让自己放下包袱，乐观地面对现实，接受考验，也是迎接未来的法宝。

● 不要责怪自己

如果为受孕付出了很多努力，却看不到回报，难免会有些疑虑和埋怨。这时必须要忍住责备自己的冲动，因为消极的想法只会使事情更糟糕。与其埋怨自己，还不如与伴侣一起找出问题的根源：是自己的健康出了问题，还是情绪紧张导致不孕？互相鼓励和理解，只有多沟通才能了解对方的想法，避免产生不必要的心理负担。

● 储备相关知识

掌握一些有关生理和医学的常识，会让您的受孕更加顺利。例如每个月的易受孕期，受孕前应该做哪些检查，以及哪些药物会影响受孕等。尽可能多地了解在受孕阶段您将遇到的问题，及时发现影响受孕的身体因素，必要时可以请教一下医生。因为积累知识是助您顺利度过这个阶段的最好办法。

● 设定一个受孕期限

90%的女性受孕大多都是在18个月内完成，如果夫妻双方努力了18个月，依然没有结果，那么很可能是存在生育问题，这就需要进行治疗。当然，在怀孕这个问题上受到挫折的人不会只有你一个，大可不必因此而否定自己，努力掩藏自己的痛苦，与一些"过来人"聊一聊，说不定别人的经历对你会有所帮助。

● 制订怀孕预算

如果确实存在生育问题，治疗费用将会是一笔很大的开销：医药费、手术费、住院费……很多夫妇都有经济上的担心，尤其是那些需要长期治疗才能有孩子的家庭。对此，可以制订一个经济计划，对自己家庭的支出有一个直观的了解，做好预算。

♛ 想要宝宝，做个周全的孕前计划

想要宝宝，就要在怀孕之前做一个周全的计划，这样，不但可以让你在心理上做好怀孕的准备，还能及时采取相关措施，增加受孕概率，为优生优育打下良好的基础。孕前计划主要包括以下内容：

受孕前半年停止服用避孕药。

家中的宠物，如狗、猫、小鸟等应送给亲友或寄养。

长期患病的夫妻应向医生仔细咨询安全的用药和治疗方法，特别是准妈妈应避免做X射线、CT检查等，不可轻易服用不利于优生的药物。

提前接种风疹疫苗。

及早与领导协调，调离对胎宝宝不利的工作岗位。

培养健康规律的生活习惯，保证睡眠充足，不要过于劳累，保证起居环境舒适宁静。

积极锻炼身体，使身体和情绪都处于最佳状态。

准爸爸要提前进入状态，远离有害物质和不良生活习惯，以保证精子的数量和质量。

饮食调养：为母婴健康提供有力的保障

♛ 孕前积极储备营养

女性在怀孕前应当对自己的营养状况做一个全面的了解，必要时也可请医生帮助诊断，以便有目的地调整饮食，积极贮存平时体内含量偏低的营养成分。

● 营养素的储备

由于许多营养素在人体内的储备期限是相当长的。因此，为了能生个健康、聪明的孩子，青年夫妇们就应该从想要孩子的时候开始，适当加强营养。如机体缺铁，可进食牛肉、动物肝脏、绿色蔬菜、葡萄干等；缺钙可进食虾皮、乳制品和豆制品等。

● 增加营养应因人而异

当然，具体从何时起，增加什么，增加多少，还要因人而异。营养状况一般的妇女，应该从孕前3个月开始，注意多摄取含优质蛋白、脂肪、矿物质、维生素和微量元素丰富的食品，其中尤其不可忘记钙、铁、碘、维生素A和维生素C的摄入，多吃些水产品、骨头汤、瘦肉、动物肝和肾、新鲜蔬菜和水果等。

对于那些体质瘦弱、营养状况差的妇女，孕前营养更为重要，开始加强的时间还要早一些，最好在孕前半年左右就开始。

除上述的营养内容要足够外，还应注意营养要全面，不偏食、不挑食，搭配要合理，讲究烹调技术，还要多注意调换口味，要循序渐进，不可急于求成，孕前营养达到较佳状态即可。

营养状态较好的人，一般来说，不需要更多地增加营养，但优质蛋白、维生素、矿物质、微量元素的摄入仍不可少，只是应少进食含脂肪及糖类较高的食物。

♛ 了解孕前饮食原则

对于准备怀孕的女性而言，科学的饮食方法不仅对于自己的身体状况十分有益，也为孕育宝宝所需的营养提供了有效的保障。孕前的饮食原则应参照平衡膳食的原则，结合受孕的生理特点进行饮食安排。

● 保证热能的充足供给

每天供给正常成人需要的9 200千焦的基础上，再加上1 600千焦，以供给性生活的消耗，同时为受孕积蓄一部分能量，为受孕和优生创造必要条件。

● 保证充足优质蛋白质的供给

蛋白质具有使伤口愈合、产生白细胞，防止细菌侵入的特殊功能。另外，催化身体新陈代谢的酶、调节生理机能的胰岛素等，都离不开蛋白质。母亲缺乏蛋白质会直接导致婴儿先天缺乏蛋白质。一般来说，在怀孕前，蛋白质的每天摄入量应控制在80～85克，也就是说，每天荤菜中有1个鸡蛋、100克鱼肉、50克畜肉或禽肉或再加1杯牛奶就可满足身体蛋白质的需求。

● 保证脂肪的供给

脂肪所含必需脂肪酸是构成机体细胞组织不可缺少的物质，增加优质脂肪的摄入对怀孕是有益的。

● 充足的无机盐和微量元素

怀孕期间，女性对各类维生素和矿物质的需求都有所增加。宝宝在母亲体内的健康发育也离不开这些微量营养素。加上微量营养素之间有相互作用，某些微量营养素可以提高另外一些微量营养素的吸收或利用，如维生素C可以增加铁的吸收率，叶酸与维生素B_6、维生素B_{12}协同作用可以预防先兆子痫，钙的吸收需要维生素D来调节等等。所以，在怀孕期间补充复合维生素的效果优于补充单一的维生素或矿物质。另外，钙、铁、锌、铜等对构成骨骼、造血、提高智力、维持体内代谢的平衡有重要作用。准备怀孕的夫妻也不可缺少。

♛ 补充叶酸要趁早

叶酸是蛋白质和核酸合成的必要因子，对细胞的分裂生长及核酸、氨基酸、蛋白质的合成起着重要的作用，也是胎儿生长发育不可缺少的营养素。妊娠早期若缺乏叶酸，会影响胎儿大脑与神经管的发育，造成神经管畸形，严重者可致脊柱裂或无脑儿等先天畸形。

● 吃多少和怎么吃

准备要孩子的女性，孕前每天应摄入400微克的叶酸，孕中每天应摄入600微克，以预防胎儿神经管畸形和其他出生缺陷。由于叶酸具有不稳定性，遇光、遇热易失去活性，不当的烹饪方法会使食物中的叶酸损失50%～95%。要提高叶酸的获取率，就要吃新鲜的蔬菜，同时注意烹调方式。柑橘类水果中叶酸含量也较多，而且食用过程中损失少，是补充叶酸的首选。叶酸补充也要适量，补充太多对身体反而会不利。此外，服用叶酸补充剂要严格按照医嘱。

● 这些食物含叶酸

富含叶酸的食物有：动物性食物，如动物肝脏与肾脏、蛋类、鱼类；植物性食物，如绿叶蔬菜、芦笋、豆类、土豆、莴苣、蚕豆、梨、柑橘、麦芽及香蕉、柠檬、草莓、坚果类及大豆类等。除了食物，服用叶酸补充剂和叶酸强化食品如添加叶酸的谷类、奶粉等也是一种办法。

运动锻炼：为孕育准备一个健康的身体

♛ 运动能提高身体素质

孕前身体素质的提高，最关键的是要坚持进行健身活动。如果经常通过体育锻炼保持身体健康，就能为下一代提供较好的遗传基础，特别是对下一代加强心肺功能的摄氧能力、减少单纯性肥胖等遗传因素能产生明显的影响。

在开始孕前运动之前，首先要对自己的体能有所了解。一种方法是看一看你是否能轻快步行15分钟而不气喘吁吁，另一种方法就是早晨醒时测试一下休息时的脉搏。用食指或中指轻轻按压，感受脉搏跳动，如果每秒在70次以内说明你体质状况良好，在80～100次表明你体质下滑，如果跳动100次或更多表明你体质较差。

♛ 有氧运动：最有效的孕前运动方式

有氧运动的特点是强度低，有节奏，持续时间长。要求每次锻炼的时间为30～60分钟，每周坚持2～3次。这种锻炼能通过氧气将人体内的糖分充分分解，并能消耗体内脂肪，还能增强和改善心肺功能。

● 慢跑

慢跑若以锻炼为目的，每次最少不能少于5分钟，持续的时间越长，心肺功能的锻炼会越好；若以减肥为目的，则应在20分钟以上。运动量和每次持续时间，应循序渐进，一开始时可以走跑结合、快慢结合，适应后，距离和速度再逐步增加。因故需停练时，也要逐日递减。

● 游泳

游泳时，水的浮力可以减轻人体90%的体重，释放关节压力，刺激淋巴排毒。同时，游泳可使胸肌、膈肌和肋肌等呼吸肌得到锻炼，从而改善肺的功能，提高呼吸效率，并增强肺泡弹性。作为水平运动，游泳可减轻心脏和脊柱负担。水的刺激和压力还可改善供血状况。除了可防治呼吸系统疾病和心血管疾病以外，游泳对于防治腰背疼痛、关节炎、神经衰弱症、肥胖症等也有较明显效果。

● 跳绳

跳绳是一种非常好的运动方式，它适合任何人、任何季节、任何地点。跳绳跟别的运动一样，要循序渐进。开始时，从1分钟做起，跳完1分钟，可以去做些放松运动，休息1分钟，再跳2分钟。3天后即可跳5分钟，1个月后可连续跳上10分钟。不间断地跳绳10分钟，和慢跑30分钟消耗的热量差不多，是一种低耗时高耗能的有氧运动。

算好排卵期，
怀孕也讲究"良辰吉日"

选择最佳的怀孕时间

♛ 适宜怀孕的季节

夏末和秋初是人类生活与自然最适应的季节，也是受孕的最佳季节。此时气候温和适宜，风疹病毒感染和呼吸道传染病较少流行。孕妇的饮食起居易于安排，这样可使胎儿在最初阶段有一个安定的发育环境，对于预防畸胎保证优生最为有利。

因为怀孕早期，正是胎儿大脑皮质形成的阶段，炎夏温度过高，孕妇妊娠反应重，食欲不佳，蛋白质摄取量少，机体消耗量大；严冬温度过低，新鲜蔬菜少，孕妇常居于室内，活动量过少并缺少新鲜空气供给，容易受冷感冒。这些不利的气候，都影响胎儿的发育。

♛ 婚后半年再怀孕

新婚期间，家庭事务多，既要操办又要应酬，夫妻都很劳累，身体状况难免有所下降；再加上在新婚蜜月里，夫妻精神兴奋，性生活频繁，男方的精子不十分健康，如果这时怀孕，有可能造成胎儿的发育不良。尤其是举办婚礼，要招待、宴请贺喜的亲朋好友，新郎新娘免不了要陪吃陪喝，而烟中的尼古丁和酒中的乙醇可直接或间接地使发育中的精子和卵子受到不同程度的损害，甚至发生畸变。这种受到损害的精子和卵子结合形成的受精卵，往往发育不正常，容易导致宝宝的智力低下等问题。

一般来说，新婚夫妇在婚后半年怀孕较好，这时基本互相适应生活习惯，生活规律，有了较充分的心理准备和物质准备。

早产及流产的妇女至少要过半年，最好是一年以后再怀孕比较合适。因为人体经过半年到一年的休息后，无论是体力、内分泌，还是生殖器官的功能都基本恢复到正常了，对再次妊娠有利。况且，如果第一次流产是因为孕卵异常所致的话，那么两次妊娠期相隔的时间越远，则再次发生异常情况的机会也就越少，否则的话，还可能会重复发生。

掌握成功受孕的技巧

♛ 学会推算排卵期

精子在女性体内存活时间最长是3天，而卵子只能在排卵24小时之内受精，如果要怀孕，就应在排卵前3天至排卵后4天同房，这时的受孕机会较大。下面我们来介绍一种根据公式推算排卵日的方法。

如果通过观察，你的月经很规律，28天1次，那么你可将月经周期的最长天数和最短天数均定为28天，代入下面这个公式：

排卵期第1天＝最短1次月经周期天数－18天

排卵期最后1天＝最长1次月经周期天数－11天

可计算出你的排卵期为本次月经来潮后的第10～17天。

此计算方法是以本次月经来潮第1天为基点，向后顺算天数，而不是以下次月经来潮为基点，倒算天数，因此不易弄错。找出排卵期后，可从排卵期第1天开始，每隔1天性交1次，连续一段时间，极有可能怀孕。

♛ 观察子宫黏液

平常在早上起床后、洗澡前或小便前，用干净的卫生纸在阴道口取拭黏液，先看看，再拉长，一般你会有这样的发现——月经后的几天内，黏液又少又稠，这种状态下的黏液提示，阴道内的环境呈酸性，不利于精子存活，是最不易受孕的阶段；在排卵前，卵巢分泌的雌激素不断增加，雌激素促进宫颈分泌出潮湿、滑润、富有弹性、清亮或白色的黏液，犹如鸡蛋清状，这类黏液的分泌可以过滤异常精子，为健康的精子提供营养的通道，引导精子经过宫颈、子宫进入输卵管，所以，这类黏液也称为"易受孕型黏液"，这时同房，将最可能怀孕。

♛ 记录基础体温

基础体温，是指经过6～8小时的睡眠后，体温尚未受到运动、饮食或情绪变化影响时所测出的体温。正常情况下，生育年龄女性每月排卵后体温会升高0.5℃，基础体温法就是每天测定清晨醒后的体温，根据其变化确定排卵日，并用以避孕或受孕的方法。

每天在睡觉前将体温计甩到35℃以下，并放在床头安全的地方，第2天一醒来不要做任何运动，立即测量体温，因为任何动作都可能使体温升高而产生误差，所以必须在不运动的情况下完成测量。至少需要连续测量和记录3个月，画出曲线图，以便掌握体温上升、下降的规律，来确定自己的排卵日。如果持续2周以上较高的基础体温，就有可能是怀孕了。

建议使用专门的基础体温计，基础体温计与一般体温计不同，它的刻度较密，一般以36.7℃（对应刻度24为高低温的分界。36℃对应刻度10，38℃对应刻度50）。

测定基础体温还有下面这些注意事项：

1.量体温的时间必须是在每天早晨刚睡醒还没有起床活动之前。

2.使用口腔体温表置于舌下5分钟，记录数字。

3.必须每天清晨不间断地测量，并排除感冒、值夜班或其他会使体温上升的因素。

4.一般有排卵的体温，排卵后会较排卵前平均高出0.5℃，排卵前称为低温期，排卵后称为高温期。

5.如某天体温比低温平均线超过0.5℃以上，且持续3天以上，就表示高温期出现。

♛ 选择适宜受孕的环境

中国古代的胎教学就十分重视受孕时夫妻双方的情绪与外界环境因素的影响，指出不宜受孕的有"弦望晦朔、大风、大雨、大雾、大寒、大暑、雷电霹雳、天地晦瞑、日月薄蚀"等自然环境。

这是有一定的科学道理的，因为恶劣的自然环境会给双方心理带来不利的影响，干扰人的一切活动。

理想的受孕时间最好是空气清新，令人精神振奋、精力充沛的日子。卧室的环境应尽量安静，不受外界的干扰。床上物品最好是刚洗晒过，且能散发出清新的味道的，并且要注意受孕时的视觉刺激，让室内沉浸在柔和的灯光下，放些优美轻松的乐曲，这种恬静舒适的环境往往能对人产生良好的心理暗示作用，使夫妻双方能以最佳的状态播下爱情的种子。

♛ 注意掌握性交的频率

怀孕是以精子与卵子结合成受精卵为开始，在排卵期前后的性生活才能受精。正常男子在射精后，通常需要30～40小时才能使新产生的精子达到最大量。性生活太频繁会导致精液量减少和精子密度降低，精子活动率和生存率下降，精子在女性生殖道的行进能力和与卵子相会的机会大为减弱。同时，过频的性生活还可以导致女性免疫性不孕，对于能够产生特异性免疫反应的女性，如果频繁地接触丈夫的精液，容易激发体内产生抗精子抗体，使精子黏附堆积或行动受阻，导致不能和卵子结合。

因此，频繁的性生活不但不能增加受孕机会，还会使受孕机会减低，在排卵期前更应该适当减少性生活频率，这样才能保证精子的质量和数量。所以医学专家建议，在排卵期前夫妻应禁欲1周左右，这样男性才能保证提供充足而成熟的精子。

MOTHER
&
BABY

PART

02

胎教不仅是一门技术，
更是一种态度

最好的胎教源自准爸妈的生活，

大到环境的改善、情绪的调节，

小到听音乐、散步、和宝宝说悄悄话都是胎教的内容。

所以，如果想为胎宝宝提供一个良好的胎教环境，

就从关注自己的生活开始吧！

真的很神奇，胎宝宝竟然能听懂你的话

胎宝宝大脑发育和意识的产生

人的大脑是逐渐发育成熟的，早在胚胎时期大脑便开始发育。那么在胎宝宝大脑逐渐发育成熟的过程中，脑细胞发育的关键阶段是在什么时候呢？实验表明，宝宝的大脑细胞增殖旺盛期是在宝宝出生前3个月到出生后半年之间，此期间大脑体积增大与脑细胞增殖是同步进行的，而且增殖数量也一次完成。

胎宝宝从怀孕6个月大起就已具有约140亿个脑细胞，也就是说已经基本具备了一生中所有的脑细胞数量。其后的任务只是在于如何提高脑细胞的质量，若想再增加一些脑细胞，恐怕是回天无力了。由此可见，胎宝宝时期脑的发育是十分关键的。

视觉发育

在怀孕第2个月时，胎宝宝的眼睛开始发育，到了第4个月时，对光线已经非常敏感。为了证实这一点，有学者曾用手电筒的光线有节奏地照射孕妈妈的腹部，发现胎宝宝会睁开双眼，把脸转向亮光的地方，胎宝宝的心率也随之发生有规律的变化。这就说明，胎宝宝在准妈妈的子宫里是有视觉能力的，对其实施胎教能促进其视觉发育。

听觉发育

早在受孕后第4周，胎宝宝的听觉器官便开始发育，第8周时耳郭已经形成，这时胎宝宝的听觉神经中枢的发育尚不完善，所以还不能听到来自外界的声音。到了第25周，也就是怀孕第6个月的后期，胎宝宝的传音系统基本发育完成。到第28周时，即第7个月的中旬，胎宝宝的传音系统已充分完成并可以发生听觉反应，至此，胎宝宝已经具备了能够听到声音的所有条件。准妈妈和准爸爸应及时抓住怀孕26周以后的有利时机，每天有计划地对胎宝宝进行听觉训练，以培养胎宝宝灵敏的听力和对外界事物的反应能力。

记忆力

目前医学界多数学者认为，胎宝宝具有记忆能力，而且这种能力还将随着胎龄的增加而逐渐增强。有学者做过这样的实验：在医院产科的宝宝室播放妈妈子宫血流及心脏搏动声音的录音，发现正在哭泣的新生宝宝很快就安静下来，情绪稳定，饮食、睡眠情况好，而且体重增加迅速。这是因为胎宝宝在妈妈的子宫中早已熟悉妈妈的心音，一听到这种声音就感到安全亲切。

胎宝宝既然有记忆能力，那么准妈妈就应设法开发胎宝宝的记忆力，把良好的、积极的、真善美的信息及时传递给胎宝宝，让他输入脑子里，受用一生。

触觉发育

胎宝宝的触觉发育较早，当胎动出现时，隔着母体触摸胎宝宝的身体，胎宝宝就会做出反应。也就是说，触觉发育早在胎宝宝时期就已经开始，而这一点也是抚摸胎教有益胎宝宝触觉潜能开发的有力证据。

别不相信，受过良好胎教的宝宝就是不一样

什么是胎教

所谓胎教，简单来说就是怀孕期间准妈妈要掌握足够的知识，去认识与了解周围环境对胎宝宝的影响，以指导准妈妈如何在孕程中让自己的身体及心理都能与胎宝宝共同成长。经过胎教的训练，准妈妈会重视自身的健康和营养，避免怀孕带来的各种不适与不便，培养平稳的情绪，远离焦虑、消除压力，在保持心情愉快的同时努力建立正面、积极的生活态度。

准妈妈也可以通过胎教，努力充实自己、建立自信，让怀孕成为自我蜕变与成长的机会。当准妈妈的身心环境都处于最佳状态时，胎宝宝在子宫内就会受到良好的刺激，身心都得到健康的发育，这对以后建立良好的亲子关系有莫大的帮助，也为宝宝出生后实施早期教育迈出了第一步。

♛ 直接胎教

直接胎教是指对准妈妈和胎宝宝的保健教育，是为了促进胎宝宝生理和心理健康成长，确保准妈妈能够平安度过孕产期，所采取的精神、饮食、环境等方面的保健措施，因为没有健康的妈妈，就不能生育出健康的宝宝。孕期胎宝宝还没有完全定型，正处于器官形成和生长发育中，容易受外界影响而发生变化，即中医所说"形象始化，未有定仪，因感而变，外象而内感"。这里所说

的受外界影响，主要是指受母体精神、饮食、寒温等方面的影响。母体的身心是否健康，对胎宝宝的成长，包括智力与体质的发育，具有决定性的作用。因此，直接胎教有利于准妈妈和胎宝宝身体健康和精神健康，有利于保胎、养胎和护胎等保健措施的实行。

♛ 间接胎教

间接胎教是指在怀孕期间加强准妈妈的精神、品德修养和教育的同时，利用一定的方法和手段，通过母体刺激胎宝宝的感觉器官，以激发胎宝宝大脑和神经系统的有意活动，从而促进胎宝宝身心的健康发育。

间接胎教相对于直接胎教来说，更偏重于品德、精神、智力以及性情的培养，情操的陶冶，主要是通过采取一些措施与方法，让准妈妈置身于美好的事物、环境和氛围中，这样，不但会使准妈妈精神饱满、心情舒畅、思维敏捷，而且还能间接促进胎宝宝身心、品质、智力等方面的良好发育。间接胎教实际上是在直接胎教的基础上，对准妈妈和胎宝宝精神世界的优化和美化措施，在胎宝宝个性的形成、智力的发育和人格的完善方面，具有举足轻重的作用。

胎宝宝的感知和学习能力

胎宝宝除了听力之外，在孕10周左右就已形成压觉、触觉等感受器，并开始具有相应的功能，如触觉、情感、领悟和记忆的能力。这一切都足以说明，胎宝宝在"宫中"已有感知和学习的才能。

处于母体的子宫中的胎宝宝也能进行"思考"，做出"决定"。成人进行思考并决定做出某一动作时，通常心跳频率会略微增加。用仪器观察腹中胎宝宝，发现胎动发生前的6～10秒，胎宝宝的心跳频率明显加快。这种现象在胎龄6个月起便能观察到，说明此时胎宝宝大脑已发育到能够进行思考的程度。

胎宝宝不但有听觉、感知、记忆能力，还具备一定程度的思考和决定能力。为此我们应该不失时机地做些有利于胎宝宝大脑发育的工作，从而使胎宝宝在大脑发育的关键时期受到良好的早期训练，以促进宝宝先天智力素质或者说潜在能力的更好发育。

胎宝宝是怎样学习的

胎教的目的是为了优生，而优生的根本宗旨则在于使每个胎儿都具有优良的遗传基因。想要获得优良的遗传基因，胎儿生长的环境条件是一个非常重要的因素。

一般来说，胎儿生长的整体环境是由母体内胎儿生活的环境和母亲生活的大环境构成的。母亲的营养、文化修养、孕期保障等因素构成了胎儿的生理环境；母亲的疾病、服用的药物、接触的化工产品以及情绪变化等因素所引起的身体内分泌的改变则构成了胎儿生活的生物化学环境；母亲的运动、子宫内的条件以及母体接受的阳光、空气、声响、辐射等因素又构成了胎儿生长的物理环境。以上种种因素合起来才是"胎教环境"。因此对于准父母来说，要想做好全方位的胎教，一定要从以上多方面一起下功夫才行。

胎教可以让宝宝更聪明

胎教对胎宝宝的益处不胜枚举，它不仅可以激发胎宝宝的智力潜能，在准妈妈的良性影响下，胎宝宝还会养成良好的生活习惯以及优良的性格，这对其未来的发展大有帮助。

1.受过胎教的婴儿非常爱听音乐，特别喜爱在腹中时父母给自己听过的音乐。这些宝宝对音乐敏感、音感准确，学习音乐的能力强。婴儿在哭闹时听到胎教音乐很容易安静下来；若在睡前播放胎教音乐或妈妈哼唱催眠曲，婴儿也能很快入睡。

2.受过胎教的婴儿学习兴趣高，喜欢听儿歌、故事，喜欢看书、看字，不少孩子在还不会说话时，就拿书要妈妈教，学习汉字的能力惊人。智力得到超常发展，容易接受新的知识。同时，婴儿的记忆力较同年龄的婴儿好，记忆的速度也较快。

3.受过胎教的婴儿情绪稳定、易安慰，适应环境能力强，很少无故哭闹，容易养成良好的生活习惯，这会使父母得到较为充分的休息。

4.受过胎教的婴儿眼睛明亮，视听及注意能力强。

5.受过胎教的婴儿开始说话的时间较早，语言能力较强，5~6个月时便可以发出声音表达意思，让妈妈明白宝宝是饿了还是要大小便，使妈妈照料起来更方便。

6.受过胎教的婴儿性格活泼，喜欢与他人接触，与未受过胎教的婴儿相比，较早学会笑，能较快理解别人的表情和言语，并透过姿势的改变，表现出与他人的互动。

7.受过胎教的婴儿运动与感觉系统发育较早，吸吮手指的能力、手的握力及四肢运动的能力强，动作协调性好，扶起坐立时颈部肌肉张力较好。

总之，受过胎教的孩子将来学识字、听课、唱歌、游戏、与人互动等能力都比较强。因此，只要认真努力地实施胎教，一定可以全面开发孩子的智力。但是要注意：胎儿出生后必须继续先前进行的"胎儿教育"，才能巩固成果。

胎教到底教什么

情绪胎教

情绪胎教是指通过对准妈妈的情绪进行调节，排除一些对胎宝宝不好的负面情绪，让准妈妈忘掉烦恼和忧虑，创造清新的氛围及平和的心境，通过准妈妈的神经递质作用，促进胎宝宝大脑的发育。

♛ 情绪胎教的作用

现代医学研究表明，情绪与全身各器官功能的变化直接相关。不良的情绪会扰乱神经系统，导致准妈妈内分泌紊乱，进而影响胚胎及胎宝宝的正常发育，甚至造成胎宝宝畸形。针对准妈妈的情绪是否真的会影响到胎宝宝的问题，科学家们做了一系列实验及调查。结果表明：

准妈妈在孕早期如果长时间处在不良情绪中，比如紧张、恐惧等，会触发流产，特别是习惯性流产。

准妈妈如果有沮丧忧郁的情况而不加以治疗，可以观察到胎宝宝出生后对外界的刺激反应会减少。

在怀孕7~10周，准妈妈若精神极度不安，胎宝宝发生唇裂或腭裂的概率就会增加。如果准妈妈过度焦虑，会增加胎宝宝神经发育异常的风险，使胎宝宝在未来的成长中更容易出现情绪和行为方面的问题。有关专家还认为，儿童的情绪、行为和动作方面的问题与怀孕时期准妈妈是否过度焦虑有很大关系，焦虑程度越高的准妈妈所生下的孩子，日后出现情绪和行为问题的概率越高，是正常人的2～3倍。

♛ 情绪胎教的要点

调整心态。妊娠反应是孕期正常的生理反应，会给准妈妈平添许多烦恼。准妈妈在面对这些反应的时候，必须及时调整心态，否则很容易影响心情，并产生烦躁、易怒等不良情绪，情绪大幅度波动还会在一定程度上加重妊娠反应，这些不良情绪对胎宝宝的健康和先天性格的形成都有很大的影响。

克服忧虑。对许多准妈妈来说，忧虑是比较常见的一种心理状态，她们常常担心自己和胎宝宝的健康，也会因此而浮想联翩，特别是身患疾病的准妈妈，她们常担心胎宝宝受到自己身体或服药的影响而发育不良。其实，这种忧虑是大可不必的，准妈妈只要积极地进行产检，并听从医嘱服药，胎宝宝就能健康发育。

消除疑虑。有些准妈妈认为，胎教只是"隔着肚皮说话"，不会起到任何作用，因而对胎教的作用产生了怀疑心理，从而打断了胎教的连续性。这种想法是错误的，不仅容易引发疑虑、烦躁、焦急等不良情绪，而且还会影响到胎宝宝。

分娩前避免恐惧。恐惧是临产前最容易出现的一种心态。许多人认为分娩是一道生死大关。但事实上，随着医疗技术的提高，因难产致死的概率越来越低，准妈妈完全可以相信医生，相信科学技术，即使发生了意外，也能够采取及时的医疗措施保证母婴安全。因此，不要因为分娩而过分紧张、恐惧，应以坦然、平静的心态面对分娩。

♛ 情绪胎教的注意事项

准爸爸应担当起照料准妈妈的重任。如果调理得当，能帮准妈妈愉快地度过令人难受的孕早期；相反，则很可能加重妊娠反应，导致准妈妈出现不良情绪，从而影响准妈妈自身及胎宝宝的健康。

　　准爸爸要保护准妈妈的安全。 准爸爸应该义不容辞地承担起照顾妻子的重任。妻子出门的时候，应陪伴在其身边，照顾她的出行，避免腹部遭受碰撞。妻子在家的时候，应给她创造最安静、舒适、温馨的家庭环境等，这对缓解准妈妈的身体不适与不良情绪十分有益。准爸爸不要因工作忙而忽视妻子的感受，要做好开导准妈妈的工作。对于妊娠期间准妈妈的不良精神状态，准爸爸的适当引导和开导工作是必不可少的。

营养胎教

　　营养胎教是根据孕早期、孕中期、孕晚期3个时期胎宝宝的发育特点，合理指导准妈妈摄取食物中的各种营养素，以食补、食疗的方法来缓解孕期不适并保证胎宝宝的营养。

♛ 营养胎教的作用

　　为母婴补充营养。 从一个重为1.505微克的受精卵，到出生时约3 000克的婴儿，这个成长发育的过程全依赖于母体供应营养，胎宝宝为了完成自身的发育会吸收准妈妈体内储存的营养，准妈妈如果不及时摄取营养，久而久之，就会造成准妈妈营养不良，从而出现多种不良症状。所以说准妈妈要注意均衡补充营养，以供自身及胎宝宝的营养所需，避免出现营养不良等问题。

　　为分娩储备能量。 准妈妈及时补充营养，能为分娩储存力量，分娩时，准妈妈才能更有力量将胎宝宝娩出。

　　为产后哺乳打好基础。 产后母乳的多少，与孕期营养补充有直接关系，为了能让胎宝宝吃到营养丰富且充足的母乳，准妈妈一定要注意补充营养!

♛ 营养胎教的要点

　　孕早期的营养胎教。 孕早期即怀孕初始至怀孕12周，在此期间胎宝宝的各器官正处于分化形成阶段，胎宝宝成长速度不显著，生长所需的热量和营养物质较少，因此不用急于补充太多的特殊营养成分。但由于这一阶段的准妈妈受妊娠反应影响，食欲往往不好，容易恶心、呕吐等，影响正常进食。所以建议本阶段的准妈妈少食多餐、重质不重量，以吃高蛋白、少油腻、易消化吸收的食物为主。

孕中晚期的营养胎教。 从孕中期开始，胎宝宝迅速成长，准妈妈身体代谢速度增加，对营养成分的需求量较孕早期要多很多。所以孕中期和孕晚期需要补充丰富的营养，如蛋白质、维生素、碳水化合物、矿物质等。因此，必须适量增加这些物质的摄入，多吃一些蛋类、奶类、肉类、五谷杂粮、蔬菜及水果，以保证胎宝宝的正常发育。

♛ 营养胎教的注意事项

准妈妈应合理、科学地补充营养，多吃营养含量高的食物，但需注意体重的增长，适当地调整饮食。

准妈妈忌盲目服用保健品。 首先要考虑准妈妈自身是否需要进补，千万不要盲目听从销售商的花言巧语，更不要被那些诱人的广告所蒙蔽。许多保健品的功效并不会比食物好，有些保健品甚至根本不适合准妈妈食用。所以，准妈妈在决定购买营养品前最好先咨询一下医生。

准妈妈不要只吃菜不吃主食。 米面等主食是能量的主要来源，孕中期和孕晚期的准妈妈一天应保证摄入400~500克的米面及其制品，才能满足身体对热量的需求。

不要以营养品代替食品。 为了加强营养，一些准妈妈每天要补充很多营养品，诸如蛋白粉、复合维生素片、钙片、铁剂、孕妇奶粉等。补充了这些营养品后，一些准妈妈认为自己所需的营养已经足够了，一日三餐不及时吃也没有关系。其实这样做反而对身体不利。因为营养品大都是强化某种营养素或改善某一种功能的产品，单纯使用并不能达到均衡补充营养的目的。

准妈妈要适当饮食。 有些准妈妈在得知怀孕以后便开始加大饭量，希望借此来满足胎宝宝的营养需要。几乎所有的准妈妈都相信只要自己吃得多，胎宝宝就能摄取到足够的营养成分，就会健康发育。其实，准妈妈即使进食量加倍，也不等于胎宝宝可以将准妈妈多吃的那部分营养全部吸收。所以，准妈妈要适量进食，这样才能保证自身及胎宝宝的健康。

准妈妈在孕期加强营养是必需的，但营养摄入绝非多多益善。太多的营养摄入会加重身体的负担，囤积在体内形成脂肪，导致孕期肥胖和冠心病。另外，体重过重还限制了准妈妈的体育锻炼，导致抵抗力下降，还可能造成难产。

环境胎教

环境胎教就是通过指导年轻夫妇在准备受孕前6个月就开始学习环境卫生知识，以利于优生养胎。良好的环境基础与优生、优育及胎宝宝的健康发育有着非常密切的联系。胎宝宝的生活环境分为内环境和外环境。内环境是指母体的子宫腔及准妈妈的健康状况。外环境是指放射线、噪声、污染源等所构成的大环境。

♛ 环境胎教的作用

随着社会经济的高速发展和商业化进程的加快，环境污染逐渐成为严重危害人类健康、降低人类生活质量的一个重要因素。而环境污染作为影响胎宝宝的胎外环境因素的一部分，对于正在母体中生长、发育的胎宝宝所造成的伤害更是难以弥补的，所以准妈妈应给予高度重视，以免造成无法弥补的遗憾。

在受孕后最初的数周时间内，胎宝宝正处于器官分化阶段，是最容易受到侵害的高敏时期。此时胎宝宝发育最快，但也最为脆弱。由于胎宝宝各方面均未发育成熟，且不具备抵抗外界侵害的能力，若遭受不良环境因素的刺激，则很容易发生畸形或死胎的情况。

因此，准妈妈重视环境胎教对胎宝宝的健康是十分重要的，特别是在妊娠早期，准妈妈应对自己的宝宝加倍呵护。处于安静、洁净的优质环境中，是保证胎宝宝健康发育的前提条件，也是做好环境胎教的一个重要环节。

♛ 环境胎教的要点

孕前保证精卵质量。精子质量与精子是否发育成熟、精子是否健全和精子是否具有较强的活力有关。精子是否健全与准爸爸的生活习惯以及是否受过有害物质损害等因素有关。因此，要保证精子的质量，准爸爸首先应避免与有害物质接触、远离环境污染、尽量戒除烟酒，更应积极、有效地治疗生殖器疾病。而良好的卵子质量主要取决于卵巢和输卵管的健康情况。如果卵巢发生病变，就会妨碍卵子的发育和传输。同时，某些环境因素对卵子也会产生一定的不良影响，甚至还可能导致卵子发育异常或出现突变等。由此看来，孕前保证良好的精卵质量，也是做好环境胎教的一个重要方面。

让胎宝宝远离生活污染。巨大的环境污染和生活污染，时刻威胁着人类的健康和胎宝宝的正常生长发育。生活污染包括的内容非常广泛，它不仅存在于电视、空调、电脑、音响、微波炉、手机等人们常用的电器和工具中，更包括噪声污染、病菌污染等多方面因素。在妊娠期，准妈妈应远离这些生活污染。

创造和谐的家庭氛围。在良好的家庭氛围中，准妈妈感受的是温馨，而腹中的胎宝宝也能够在温馨的家庭中获得身心上的良好发育。良好的家庭氛围需要夫妻双方共同维护，在互爱、互敬、互助、互谅、互勉的基础上，共同抚育宝宝。

优化家居环境。优美的家庭环境是保证准妈妈身心健康、促进胎宝宝健康发育的重要条件。良好的家庭环境不仅依赖于温馨、优美的家居装饰，更需要夫妻之间相互理解、相互关爱，这对准妈妈和胎宝宝的身心健康都是非常有益的。

♛ 环境胎教的注意事项

远离高氟污染。氟元素是一种有助于人体骨骼发育的微量元素。虽然氟对人体有一定的好处，但是过量摄取对人体的危害还是比较大的。过量摄取氟元素，会使氟元素积蓄于人体的骨骼和牙齿中，导致骨质代谢受到抑制和牙齿钙化的发生。如果母体含氟量较高，会使氟元素通过胎盘传输给胎宝宝，甚至引发宝宝先天性氟中毒。因此，准妈妈应尽量远离氟污染，以最大程度减少胎宝宝对氟元素的摄取。

避免接触X射线。X射线对母体中的胎宝宝具有很大的伤害，尤其是胎宝宝在母体中最初的3个月。此时正是胚胎器官形成的晚期，若受到X射线的放射作用，很容易导致器官畸形，同时还会增加流产和死胎的发生率。妊娠的中期和晚期，都是胎宝宝较为脆弱的时期，照射放射线同样可导致宝宝出生后畸形。因此，准妈妈在妊娠期间应尽量避免接受X射线检查。

运动胎教

　　有人将运动胎教称为体育胎教，是指准妈妈通过一定的体育锻炼达到促进母婴身体健康、促进分娩的一种胎教方法。另外，运动胎教准妈妈可以自己进行，也可以让准爸爸陪准妈妈一同运动，这样做不但可以达到胎教的目的，还可以增进夫妻间的感情。

♛ 运动胎教的作用

　　有益胎宝宝成长的运动胎教对胎宝宝也有着非常重要的作用。要知道，当胎宝宝成长到第7周的时候就已经开始自发地运动了。胎宝宝早期的运动主要表现为眯眼睛、吞咽、抿嘴、搓手、握拳等。随着胎宝宝继续长大，运动方式会逐渐增多，会出现上抬手臂、蹬腿、转身、翻跟头等自发性运动。一般当胎宝宝成长到第18周的时候，准妈妈就能够非常明显地感觉到胎宝宝在腹中的运动了。我们可以通过对胎动的观察来了解胎儿的健康状况，现代医学已经证明，胎动的强弱和频率可以预示胎儿在母体内的健康状况。

　　有人曾对胎动强者和胎动弱者进行观察，发现在官内活动强者出生后其动作的协调性和反应的灵敏度上均优于出生前胎动弱者。凡是在母体内受过运动训练的胎儿，出生后翻身、爬行、坐立、行走等动作都明显地早于一般的孩子。因此，胎儿的运动训练确实是一种积极有效的胎教手段。

促进准妈妈身心健康的运动胎教能令准妈妈健康地孕育宝宝，因为运动能够调节人体内分泌系统和血液循环系统的功能，增强心脏和肺部功能，改善消化功能和代谢功能。同时，运动还能够促进腰部和下肢的血液循环，有效改善准妈妈腰腿酸痛、下肢水肿等妊娠反应。运动胎教还有助于准妈妈腹肌、腰背肌、骨盆肌肉力量和弹性的增强，这不仅能够有效缩短分娩时间、预防产道损伤和产后出血，更能够预防由于腹壁肌肉松弛所导致的胎位异常或难产。

另外，运动胎教对准妈妈的心理健康也有很大帮助。它能愉悦准妈妈的心情，使准妈妈乐观、平静地度过孕期。准妈妈如果能长期坚持锻炼，还能增强毅力，这对正处于妊娠时期心理较为脆弱的女性来讲有非常好的调节功能，同时也能帮助准妈妈克服妊娠所带来的不良反应。

♛ 运动胎教的要点

孕早期，胎宝宝尚未稳定"安家"，而且准妈妈受妊娠反应的影响容易呕吐，体力较差，进行比较舒缓的运动是最佳选择。到了孕中期，准妈妈孕吐多半已经减缓，而且身体状况不错，胎宝宝也更加稳定了。此时运动幅度可以稍微大一些，如练习孕期体操、瑜伽等，孕前有游泳爱好的准妈妈此时也可以继续游泳。到了孕晚期，准妈妈进行运动时就要小心一点了，因为不当的运动可能导致早产。

♛ 运动胎教的注意事项

控制运动幅度。准妈妈的运动量以小为原则，不要进行剧烈的活动，也不要从事繁重的家务劳动，如搬重物、登上爬下地打扫卫生，这些活动对于准妈妈来说都是相当危险的。

另外，准妈妈不宜长时间做弯腰、下蹲的动作，因为这很可能导致腹部或盆腔充血。准妈妈也不宜长时间站立，否则会出现腰酸背痛的现象。对于有过流产史的准妈妈，运动时更要注意保护好自己。

身体不舒服时宜立即停止。 孕早期，如果妊娠反应比较严重，则应适当减少工作量和运动量，保证充分的休息。孕晚期，准妈妈在运动过程中如出现不适症状必须及时到医院检查。另外，有习惯性流产的准妈妈则更应注意运动量，要注意休息，并在医生的指导和帮助下进行运动和工作，以保证孕期安全。

忌碰撞腹部。 准妈妈身体上最重要的部位就是腹部，那里是孕育胎宝宝的关键部位，平时要特别注意保护，一旦使腹部受伤，后果不堪设想。因此，准妈妈无论是进行体育锻炼，还是做家务劳动，或是在生活中的任何时候，都应该时刻注意保护自己的腹部。

抚摸胎教

抚摸胎教是指有意识、有规律、有计划地抚摸胎宝宝，以促进胎宝宝的感觉系统发育。

♛ 抚摸胎教的作用

科学研究发现，人类皮肤上有丰富的神经末梢。这些神经末梢极其敏感，非常有利于人体对外界迅速作出反应。进行抚摸胎教，能促进胎宝宝接受外界感应的敏感性。从胚胎发育来看，皮肤与神经系统同起源于外胚层，胎宝宝的皮肤在发育的同时神经系统也在发育。如果给胎宝宝以良好的抚摸刺激，那么胎宝宝的神经系统也会受到良好的刺激，能促使胎宝宝的心理健康发育。

♛ 抚摸胎教的要点

叩击腹部。 叩击式胎教是指准妈妈用双手稍握拳，轻轻叩击腹部，时间以3～5分钟为宜。

抚摸腹部。 准妈妈用双手轻轻抚摸腹部，并集中注意力将母爱传给胎宝宝，等待胎宝宝作出回应。这种单纯性的抚摸胎教，准妈妈可以根据胎宝宝的反应决定胎教时间的长短。

触压腹部。 触压式抚摸胎教是指当感受到胎动时，准妈妈用手指轻轻触压胎动部位，以达到刺激胎儿的目的。

♛ 抚摸胎教的注意事项

动作轻柔。准妈妈无论用哪种抚摸胎教的方式，动作一定要轻柔，以免用力过度引发意外。

恰当掌握抚摸的时间及频率。其实，抚摸的时间及频率并不是越多越好，过多的抚摸会使胎宝宝感觉很累，甚至会损伤胎宝宝。

腹壁变硬时忌进行抚摸胎教。有的准妈妈在怀孕中后期经常有一阵阵的腹壁变硬，这可能是不规则的子宫收缩，此时不能进行抚摸胎教，以免引起早产。

注意胎宝宝的反应。抚摸胎教可以安排在妊娠20周后，每晚临睡前进行，并注意胎宝宝的反应类型和反应速度。如果胎宝宝对抚摸的刺激不高兴，就会以用力挣脱或者蹬腿作为回应。这时，父母应该停止抚摸。如果胎宝宝受到抚摸后，过了一会儿，才以轻轻的蠕动做出反应，这种情况可以继续抚摸。

光照胎教

所谓的光照胎教就是指给尚在腹中的胎宝宝以适当的光亮刺激，以促进胎宝宝视网膜光感细胞的功能尽早完善。

♛ 光照胎教的作用

从妊娠6个月起，胎宝宝对光亮就有所觉察，有的会躲闪，有的会做眨眼动作，这表明胎宝宝对光照有反应。光照胎教通过视神经刺激大脑视觉中枢，促进胎宝宝视觉功能的建立和发育。光照胎教成功的胎宝宝出生后视觉敏锐，协调力、专注力、记忆力也比较好。所以，在胎教中不可忽视光照胎教这种方式。

♛ 光照胎教的要点

准妈妈进行日光浴。准妈妈到室外活动也是光照胎教的一种方式。如果是夏季，可穿薄上衣，让腹部直接接受阳光，胎宝宝也会受到光的刺激，达到光照胎教的目的。

用手电筒照射腹壁。准妈妈可每天定时用手电筒微光紧贴腹壁，每次持续5分钟，这样有利于胎宝宝的视觉功能的健康发育。

♛ 光照胎教的注意事项

光照胎教开始的时间在宝宝的感觉功能中，视觉功能比听觉和触觉功能发育得晚，在准妈妈怀孕7个月时，宝宝的视网膜才具有感光功能，对光才有反应。光照胎教可以在准妈妈怀孕6个月以后开始。

光照胎教要配合胎宝宝的作息时间进行。不要在胎宝宝睡觉时进行，以免打乱胎宝宝的生物钟。要在胎动明显时，即胎宝宝醒着的时候做光照胎教。准妈妈经过这么长时间和胎宝宝的相处，也应基本知道胎宝宝的作息规律。当然也有作息不太规律的胎宝宝，这就需要准妈妈细心体察胎宝宝的情况了。

光照胎教的具体步骤：准妈妈每天定时用手电筒微光紧贴腹壁反复开启、关闭手电筒，一闪一灭照射宝宝的头部位置，每次持续5分钟，不要用强光照射，时间也不宜过长。

语言胎教

语言胎教是指准妈妈和准爸爸通过与胎宝宝进行语言沟通来促进父母与胎宝宝间的感情，提高胎宝宝语言、智力的发育，使胎宝宝出生后在语言及智力方面更加优秀。

♛ 语言胎教的作用

加强母婴沟通。 语言是人类的沟通工具，更是父母与孩子沟通的桥梁。正是因为语言的存在，孩子才能深刻体会到父母对自己的关心和爱护，父母也通过语言了解孩子丰富的情感和内心世界。很多父母认为与孩子进行交流沟通，必须等到孩子的语言发育到一定程度以后才能进行。事实上，即使是未出生的胎宝宝，与父母情感的沟通仍然需要语言作为媒介。

增进母婴感情。 每一次与胎宝宝亲密的语言沟通都是一次增进感情的过程，胎宝宝更能通过对父母声音的习惯而形成对父母的依赖感和亲近感。实验表明，经常与腹中胎宝宝沟通的准妈妈能够明显感觉到胎宝宝出生后对自己的依赖，而且智力、语言能力的发育和性格的发展也比没受过语言胎教的宝宝强。

促进胎宝宝的大脑发育。 研究显示，人类大脑皮质特别发达，有别于其他动物。大脑皮质是用来学习知识和进行精神活动的，人的一生大脑可储存1 000万亿个信息单位。准爸爸、准妈妈以及其他家人给胎宝宝进行语言胎教，是一种积极有益的教育手段，可以刺激胎宝宝大脑皮质充分发挥作用，为后天的学习打下基础，使宝宝变得更聪明。

♛ 语言胎教的要点

准妈妈及准爸爸可以经常和胎宝宝聊天，在聊天时，最好能使用日常语言。应在准妈妈情绪轻松愉快的环境中进行，以亲切和蔼的语调，把准妈妈对周围事物的感受告诉给胎宝宝，这是你与胎宝宝最直接的爱的交流。语言胎教的题材很多，父母可以将日常生活中的科普知识作为话题，也可以与数胎动结合进行，还可以由准爸爸拟定语言环境的常规内容进行讲述。例如：妈妈早上起床后，可以喃喃自语地和腹中的胎宝宝说说话："宝宝，早上好。太阳出来了。昨天晚上睡得好吗？"等。在对话过程中，胎宝宝能够通过听觉和触觉感受到来自父母亲切的呼唤，增进彼此生理上的沟通和感情上的联系，这对胎儿的身心发育是很有益的。

♛ 语言胎教的注意事项

随时关注胎宝宝的反应。 进行语言胎教时，准妈妈及准爸爸必须随时观察胎宝宝的特殊反应，如果在讲述某件趣闻时，胎宝宝有柔和的胎动，说明胎宝宝对所谈话题比较感兴趣，准妈妈或准爸爸可以继续讲下去，也可适当地延长胎教时间。所以，准妈妈及准爸爸需每天选择不同的事情、不同的故事讲给胎宝宝听，这样就能够慢慢了解胎宝宝到底对哪类故事感兴趣，是否喜欢爸爸或妈妈的声音等一系列信息，为以后胎教的顺利进行打好基础。

将声音、情感结合进行。 虽然胎宝宝不可能理解准妈妈或准爸爸的讲话内容，但能在听到声音后做出反应。对温柔、形象、充满爱的语言，会做出良性反应，对嘈杂、争吵、肮脏的语言会做出强烈的抵抗动作。所以，准妈妈及准爸爸可以根据这一点，将声音、情感结合起来，给胎宝宝做胎教。

忌对胎宝宝肆意而谈。 良好的语言胎教对胎宝宝确实具有良好的影响，相对而言，恶劣的语言环境就会对胎宝宝造成负面影响。准妈妈及准爸爸千万不要认为胎宝宝是个无知的小生命，并在胎宝宝尚未出生时肆意而谈，不顾及胎宝宝的感受。

忌三心二意。 准妈妈及准爸爸对胎宝宝讲话时千万不能三心二意，必须集中精力，否则对胎宝宝的理解力、听力和想象力的培养都是没有好处的。

语言胎教要持之以恒。 语言胎教是一项长期工作，需要经由日常生活中的日积月累、一点一滴地使胎宝宝增加对父母的依赖和对语言的感受能力。因此，在胎教的过程中，准妈妈和准爸爸要做好心理准备，一定要有耐心，坚持每天进行。

美育胎教

美育胎教是指根据胎宝宝意识的存在，通过准妈妈对美的事物的感受而将美的意识传递给胎宝宝的胎教方法。准妈妈要通过自己的感受，将美的事物经神经传导输送给胎宝宝。美育胎教也是胎教学的一个组成部分，它包括自然美育、感受美育等方面。

👑 美育胎教的作用

美育胎教运用审美心理学的知识，强调胎教中准妈妈的审美感知、审美情感、审美想象、审美理解，从而达到优化和加强胎宝宝心理素质的目的，为提高胎宝宝出生后对美的感知能力奠定基础。

👑 美育胎教的要点

带胎宝宝感受大自然。准妈妈经常欣赏大自然中美丽的景色，然后将对大自然的热爱之情经过"提炼"传递给胎宝宝，就能促进胎宝宝神经系统的发育，使胎宝宝也能得到大自然美丽景色的陶冶。同时，准妈妈经常走进大自然，呼吸新鲜空气，也有利于胎宝宝的大脑发育。

培养准妈妈自身气质。准妈妈如果有优雅的气质、饱满的情绪和文明的举止，就能散发出来源于自身的一种美，胎宝宝在母体内也能得到美的熏陶。怀孕期的女性必须注意提高自身修养，注意个人言行举止。不仅要精神焕发、穿着整洁、举止得体，还要适当丰富自己的精神生活，丰富个人内涵、陶冶情操。胎宝宝在准妈妈得体的举止中，也会受到熏陶，对出生乃至今后的成长都有着正面影响。

♛ 美育胎教的注意事项

欣赏美的事物进行美育胎教时，准妈妈应尽可能欣赏一些美的东西，例如，美丽的大自然、动听的音乐等，这样能使胎教发挥积极的作用。

忌随意而行。准妈妈无论做什么、说什么都要随时想到腹中的胎宝宝，言行举止必须有一定的约束，以免将不良的行为作风传递给胎宝宝。

音乐胎教

音乐胎教就是指通过对胎宝宝传输优良的音乐声波，促使其脑神经元轴突、树突及突触的发育，为优化后天的智力及发展音乐天赋奠定基础。

♛ 音乐胎教的作用

有益母婴健康。音乐胎教的主要作用是要让准妈妈感受到平静与愉悦，并通过神经系统将此情绪传递给腹中的胎宝宝，使其深受感染，潜意识能记录到和谐、美好的信息。给胎宝宝"听"音乐，并给予适当的良性刺激，会使胎宝宝的心率随着音乐的节律而变化。经过音乐胎教训练的婴儿反应快、语言能力强、动作协调敏捷。心理学家认为，音乐能渗入人们的心灵，会激起人们无意识的超境界幻觉，能唤起平时常被抑制了的记忆。常听音乐的胎宝宝长大后情感丰富，更富有想象力和创造力。生理学家则认为，优美、健康的音乐能促进准妈妈分泌出一些有益于健康的激素、酶和乙酰胆碱等物质，起到调节血液流量和神经细胞兴奋的作用，从而可以改善胎盘的供血状况，使胎宝宝更健康地成长。

开发胎宝宝的智力。音乐胎教的理论中假设胎宝宝能感知声音，主要是强调通过对胎宝宝施以适当的音乐刺激，促使其脑部神经的发育，甚至反复用相同的声音刺激，在胎宝宝大脑中形成粗浅的记忆。由于人的大脑半球有明确的分工，左半球的功能是语言、计算、理解等，主管逻辑思维；右半球是"情感半球"，主要功能是空间位置关系、艺术活动等，主管形象思维。人的大脑在出生后左脑会比右脑发达，因此在出生前加强右脑开发就显得格外重要。音乐的感受是由大脑右半球主管的，越早实施音乐胎教来强化训练胎宝宝的右脑，就越能增强其形象思维能力，让胎宝宝左右脑的发育达到平衡，使孩子更聪明、更具才智。

♛ 音乐胎教的几种方法

音乐胎教的目的就在于愉悦、平静准妈妈的情绪，因此在选择音乐时，准妈妈可选择适合自己的、轻松舒缓的音乐，以缓解不良情绪。

等胎宝宝20周后，可适当给胎宝宝听一些音乐，让胎宝宝自己听。英国科学家最新研究证明，胎宝宝在20周时就具备了听力，而不是人们通常认为的妊娠26周。这项研究还发现，新生儿能记住在胎宝宝时期所听到的乐曲。

准妈妈给胎宝宝唱歌准妈妈也可以通过自唱的方法，对胎宝宝进行音乐胎教。这是一种互动方式，胎宝宝会喜欢的。

♛ 音乐胎教的注意事项

选择专业的胎教音乐。给胎宝宝听的音乐必须是经过特殊选择的，声调不要太过尖锐刺耳，最好高、中、低音均衡，除了要选择经过特殊处理的音乐外，准妈妈应距离扩音器最少1.5米，尽量避免将声音很大的耳机直接放在腹部。胎教音乐的节奏要求平缓、流畅，最好选择不带歌词的音乐。自然界中诸如大海的波涛、潺潺的溪流、微风轻吹的声音等配合一些音乐，如经典名曲等，听到这类声音能使人心情舒畅。

控制好音量。胎教的音乐音量宜在60分贝左右，如果把耳机直接放在腹部上，音量大小特别要注意。你可以把手掌放在耳朵与耳机中间，然后调到你觉得适中的音量，这时你听到的音量大小一般约为60分贝，相当于胎宝宝在腹内听到的声音强度。

最好一首单曲重复播放。怀孕8个月后，可考虑重复播放1～2首固定的乐曲，除了可以加深胎宝宝对这几首音乐的潜在记忆外，更容易培养孩子的音乐天赋，开发孩子将来的想象力。

不要让胎宝宝长时间听音乐。音乐胎教益处很多，但是也需要把握一个度，准妈妈为胎宝宝听音乐的时间以每次不超过30分钟，每天1～2次为宜。

最应该注意的胎教问题

胎教不是为了塑造"神童"

胎教是为了使宝宝通过训练，发育得更健康、更聪明，提高其综合素质，而不是像某些错误的宣传那样，是为了培养天才、神童。胎教的主要目的是让胎宝宝的大脑、神经系统及各种感觉器官、运动器官发育得更健全、更完善，为宝宝出生后接受各种教育、训练打好基础，使宝宝对未来的自然环境与社会环境具有更强的适应能力。

胎教应适度进行

到目前为止，虽然没有胎教失败的案例，但有些情况也引起了相关专家的重视。比如有的妈妈反映，经过音乐胎教后，自己的宝宝虽然聪明活泼，但精力过盛，总是不爱睡觉。当专家问起具体胎教方法后，才知准妈妈孕期工作较忙，又不愿放弃胎教的机会，所以每天抽空便将胎教器置于腹部。可有时准妈妈因疲劳很快入睡了，而胎教器仍不断地刺激胎宝宝，这有可能干扰胎宝宝的生物钟，因此出现了胎宝宝出生后精力过盛的现象。所以，胎教应该适度进行。

不要盲目选择胎教方案

准备养育孩子的父母时常感到困惑——社会上种类繁多的"胎教方案"不断描述着照此法培养出的孩子如何"超常""早慧"。年轻的父母们不甘心让自己的孩子落伍，纷纷解囊参加培训或购买"胎教方案"。其实这些"胎教方案"中有一些就是打着"科学""专家"的旗号在误导人们，有的指导思想就是遗传决定论，有的明显违背胎儿成长的自然过程。因此，建议新手父母不要太过焦虑，应从正规的专业单位及渠道学习一些有关儿童发展方面的知识，包括孕期心理、儿童心理与教育学及胎教早教的有关常识。这能使你做到心中有数。在对待选择胎教方案这一问题上，一定要保持冷静的头脑，善于识别和选择适合自己的方法，不要盲从。

以平和的心态进行胎教

胎教对胎宝宝的心智影响已为越来越多的人接受，音乐、运动、语言、抚摸、情绪以及营养和疾病预防等都属于胎教的范围，只有重视孕期保健的每一个细节，才能孕育出一个健康聪明的孩子。但是，我们提醒准父母在进行胎教时，一定要拥有良好的心态，不要把胎教当成任务来完成，否则不仅自己心情紧张、压力大增，还有可能影响胎教效果，因为当准妈妈的情绪经常处于紧张状态时，其血液中的肾上腺素就会升高，导致血管收缩、血压升高、胎盘供血减少，从而造成胎儿宫内缺氧，影响胎宝宝的发育生长。

胎教从孕前3个月开始准备最合适

胎教应该从新生命诞生前的3个月就开始准备。怀孕是精子和卵子的结合，新生命在此刻宣告诞生，而精子和卵子的发育和成熟在此之前就已经开始。科学研究显示，精子从细胞分裂、成熟大概需要90天，那么，要使得精子质量最佳，孕育出健康的后代，就必须提前做好准备。女性子宫内的温度、压力决定着胎宝宝生长的环境，良好的环境也需要提前创造。俗话说："好的开始等于成功的一半。"当然，这并不是说其他时期的胎教不重要，事实上，产前各个时期的胎教都有不可忽视的作用。

爸爸——胎教最不可缺少的主角

和妻子一起制订胎教计划

在确知妻子怀孕后，准爸爸就要和准妈妈一起制订具体的胎教计划，安排好胎教时间，学习胎教知识，写好胎教日记。在日常生活中，准爸爸还要从具体事情上帮助准妈妈进行胎教，比如，要鼓励准妈妈加强学习，让准妈妈多听音乐、多看书；特别是在妊娠后期，还应与准妈妈一起看看儿童读物。

协助准妈妈"养胎"

吸烟的准爸爸应该禁烟，为家庭创造一个洁净的空气环境。妊娠期，准妈妈腹部逐渐膨大，行动不便，一旦操劳过度或激烈运动，会使胎宝宝躁动不安，甚至导致流产或早产。准爸爸要自觉地多分担家务，不要让准妈妈干重活，要让她有充分的睡眠和休息时间。在乘汽车、逛商店时，准爸爸要有意识地保护准妈妈，避免其腹部直接受到冲撞和挤压。

体贴妻子、有责任感的准爸爸，还可以帮助准妈妈怀孕。只有让准妈妈平安顺利地度过妊娠期，才是胎教的基本保证。所以，在准妈妈的怀孕期间，准爸爸要"帮助怀孕"，这也是一种有意义的胎教。

听胎心音：让准妈妈仰卧在床上，两腿伸直，准爸爸直接用耳朵或木听筒贴在准妈妈腹壁上听胎心音。正常胎宝宝的胎心音的声响为"滴答、滴答"的跳动，一般每分钟120～160次。过快、过慢或不规则，都属于不正常现象。

数胎动：让准妈妈仰卧或左侧卧位。准爸爸两手掌放在准妈妈的腹壁上，可感觉到胎宝宝有伸手、蹬腿等活动，即胎动。胎动一般在怀孕4个月时开始出现，孕7～8个月较明显。一天有两个高峰，一个在晚上7-9时，一个是午夜11时至凌晨1时，早晨最低。胎动是胎宝宝健康状况的晴雨表，正常的胎动数为平均每小时不低于3次，过多或过少都是异常现象。

量宫底：准妈妈排尿后，取仰卧位，两腿屈曲，准爸爸用卷尺测量准妈妈耻骨联合上沿至子宫底的距离。自怀孕20周开始，每周测量1次，一般每周增加1厘米为正常。到怀孕36周时，由于胎宝宝胎头入盆，宫底上升速度会减慢或略有下降。宫底升高的速度，反映了胎宝宝生长和羊水等情况，如宫底升高速度过快或过慢，准妈妈应注意，去医院检查。

称体重：从准妈妈怀孕28周开始，准爸爸要提醒准妈妈每周测量1次体重，一般每周增加500克为正常。若准妈妈体重增加过快或不增加，都是不正常的表现，准爸爸应带准妈妈到医院检查，找出原因。

主动节制性生活

准爸爸还需要注意的是，妊娠初期和后期，夫妻同房易引起流产、早产或阴道感染，尤其在产前1个月性生活频繁，可引起胎膜早破、胎儿呼吸困难和新生儿黄疸等。准妈妈在妊娠期对性的要求多半不高，因而克制房事的主要责任就落在了准爸爸的身上。对于准爸爸而言，应认识到性生活不等于性交，性生活比性交要丰富得多，性交只是性生活的一种方式。温柔的拥抱、亲热的触摸，也是很美妙的，并不一定非得性交。

MOTHER
&
BABY

孕早期（孕1~3个月）：
胎教就要从现在开始

在喜悦和紧张之余，准父母要尽早开始制订胎教计划，

早期的胎教主要内容为情绪调节和饮食，

帮助准妈妈调整心境和心理。

早一天胎教，
早一天受益

胎宝宝像个小海马

♛ 终于受精了

卵细胞与精子在母亲体内完成受精后，受精卵只有0.2毫米左右大小，一般受精卵在受精后7～11日着床，开始妊娠的全过程。受精卵着床后3周左右，胚胎即成胚子，其大小刚刚能用肉眼看到，长度为5～10毫米，重量不足1克。

♛ 胎宝宝像个小海马

此时的胎宝宝从外表上看身体是二等分，头部非常大，占身长的一半。头部直接连着躯体，有长长的尾巴，其形状很像小海马。胳膊和腿大体上有了，但因为太小还看不清楚。脑、脊髓等神经系统及血液等循环器官几乎都已出现。心脏从第2周末开始形成，从第3周左右开始搏动，同时将血液输送到全身各处，肝脏也从这个时期开始明显发育。到第1个月末，胚胎的体积增长近10 000倍，大约已经有10毫米长。这时，准妈妈的血液已在小生命的血管中缓缓地流动，胎宝宝的心脏已经形成并开始工作了。

准妈妈基础体温上升了，有点紧张

♛ 准妈妈基础体温上升了

受精卵形成的1周之内还不能称为怀孕，这个时期准妈妈身体还没有发现任何症状，直到第2周后，准妈妈才能感到一点点迹象：诸如发热发寒、慵懒困倦等。即便在妊娠第1个月里，准妈妈的妊娠反应还是不明显，对大多数人而言，只有基础体温最能准确传达怀孕的信息。

每天早晨持续记录体温的准妈妈，如果发现稍稍偏高的体温（37℃左右）持续了2周以上，便应该想到，这是有喜讯的征候。当然，妊娠的征候因人而异，月经该来而过了数天仍未来的，是最明显的特征。有人怀孕之后，特别容易感到头晕目眩、发热、腹部下方疼痛或感到不安、易怒，乳房变得很敏感，稍微一碰即痛，这些都是胎儿呼叫妈妈的信号。

♛ 高兴的同时还有点紧张

对于从未有过怀孕经验又对新生命充满期待的准妈妈来说，当她终于从医生那里得到明确诊断自己已怀孕的消息时，既高兴又紧张的心情是可以理解

的。有些准妈妈此时却不知道应该从何处开始了解并养好腹中的宝宝，因而增加了无助和求教的心理负担。这期间，准妈妈的体内环境对胎宝宝来说特别重要，准妈妈的这种担心若不能及时调整则对胎教不利。

一般情况下，当准妈妈得知自己怀孕的时候，往往已经是怀孕的第2个月了。在过去的1个多月的时间里，腹中的小生命已经经历了从无到有、由快速发育到出现轮廓这样一个天翻地覆的变化。这期间，准妈妈的内环境对胎宝宝来说特别重要，尤其是准妈妈的心态直接影响了内环境的质量。因此，准备怀孕之始，准妈妈就应该拥有良好的心态，这是十分重要的。

制订全面的胎教计划

准妈妈一旦怀孕，准父母就应根据怀孕早、中、晚期胎宝宝发育的不同生理特点以及准父母自己的特长和愿望，制订胎教计划，分配好准父母各自的"任务"，并开始写胎教日记。

胎教计划包括选择好胎教方法、安排好胎教时间、准备好胎教教材、设计好胎教日记等几个方面。

👑 选择好胎教方法

各种胎教方法可交替进行，如早上可先进行抚摸胎教，然后进行语言胎教，晚上再进行对话胎教。

👑 安排好胎教时间

胎教时间最好安排在早上起床后、午睡后或下班后、晚上临睡前。刚开始时，胎教的时间不宜过长，每次控制在10分钟以内。随着准妈妈妊娠月份的增加，胎教可延长至20分钟。

👑 准备好胎教教材

胎教内容可选择音乐、儿歌、诗文、外语等，要循序渐进。如果孕妈妈生活的地方有"胎儿大学"，孕妈妈还可按"胎儿大学"的课程安排进行上课。

👑 设计好胎教日记

要坚持写胎教日记，内容可自行决定。胎教日记的内容一般可包括准妈妈孕期的生理、心理的变化，饮食起居及保健情况，胎教的实施及胎宝宝的发育状况等。比如，可记录准妈妈怀孕的时间、孕期身体的变化、产前检查情况、胎宝宝状况、心理状态、饮食起居、患病及用药情况，以及胎教的感想等。

👑 胎教日记主要内容

胎教日记的重点可以记录下当月胎养胎教过程中准父母遇到的问题和解决的方法、检查化验结果数据，以及比较重要的和有效的胎教方法。更主要的是需要记录下胎教的具体实施情况、胎宝宝的反应、自己的感受、实施的效果、令自己感觉最愉快的事情、以及胎教内容的自我体会。这些都是准父母孕育生命、体验生命的最细微感受，也是准父母对生命过程最深切的记录。

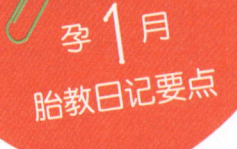

胎教日记要突出当月胎教的重点

写胎教日记，可以每天进行，也可每隔两天写1次。可详细，可简洁，任你发挥。但以下几点，决不可遗漏。

• 准妈妈末次月经日期、早孕反应的起始及消失日期，以及有哪些明显的反应。

• 准妈妈孕期出血情况。不论孕早期、孕中期、孕晚期都须记录，并记下出血量及持续时间。

• 第1次胎动日期。如做胎动监护，则要记录每天胎动次数。

• 准妈妈孕期患病及用药情况。孕期患病须记录疾病起止日期，主要症状及用药品种、剂量、天数、不良反应等。

• 重要化验及检查结果。如血常规、血型、肝功能检查、B超检查、胎儿监护、胎盘功能检测等，都是非常有价值的资料，应妥善保存好各种化验单、检查报告单。

• 接触有害物质及放射线情况。关于有害有毒物质的接触包括有害有毒物质品种、接触时间、不良反应等；如果接触X射线、CT检查及接触其他放射线，要记录照射部位及时间。

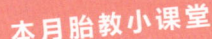

准妈妈要始终保持良好的情绪

准妈妈情绪变化对胎宝宝有较大影响。准妈妈如果处于恐惧、愤怒、悲哀、烦躁等消极情绪中，其身体功能包括内分泌方面会发生明显变化，其中很大一部分将体现为血液中所含化学物质（激素等）发生变化，而准妈妈的这些变化会直接影响到胎宝宝，可使胎宝宝出生后情绪不稳、消化不良、经常生病或躁动不安。例如，在孕早期（孕7～10周），准妈妈情绪波动会造成肾上腺皮质激素增多，血液中过量的肾上腺皮质激素可以阻碍胚胎中某些组织的联合，破坏胎儿腭部正常发育，可能导致生产出腭裂、唇裂等畸形胎儿。

国外研究报告指出，准妈妈的情绪还会对胎宝宝未来的情商产生影响。

尽早确定妊娠

○ 怎样尽快知道自己怀孕了

有些准妈妈怀孕数月了自己都不知道，仍然不改变不良的生活习惯，乱吃药，从而对胎宝宝造成了不可逆的损伤。在受孕的第1个月，准妈妈不会感觉到新生命的开始，但是，有一些重要的征兆会提醒育龄女性可能怀孕了。

月经过期

健康女性的月经一向是按月来潮的，如果过了时间还不来，首先就要想到自己或许怀孕了。一般来说，如果过了正常经期的2周时间还不来月经，通过检查，大致能查出怀孕征象；如果过期1个月，怀孕就比较容易确定了。

口味改变

有些女性在月经过期不久的时候（1~2周）就开始发生口味的改变，有些人突然嗜酸嗜辣，平常喜欢吃的东西现在不爱吃了，吃过一次的食品第二次就不想吃了，有些人甚至不想吃任何东西或发生呕吐。发生这种情况，准备要孩子的女性就要联想到自己可能是怀孕了。

发生尿频

在怀孕初期，许多女性有尿频的现象，有的每小时1次，这是一种自然现象，用不着治疗，但要想到自己可能怀孕了。

乳房胀痛

在怀孕初期，孕妇会感到乳房有轻微的胀痛感，也比往常增大一些，并且变得坚实、沉重，有一种饱满和刺痛的感觉。仔细观察还可发现，乳头周围深黄色乳晕上的小颗粒显得特别突出，这也是怀孕的初期征兆。

精神倦怠

在怀孕初期，许多女性感到疲乏、嗜睡、精神萎靡，如果排除自己生病的可能，就要想到有怀孕的可能。我们建议，有正常性生活的女性，在月经周期2周以后仍不来潮，应去医院检查小便，以尽早确定是否怀孕。

● 尽早安排好产前检查

产前检查要定期

从发现怀孕起，准妈妈就要树立起定期做产前检查的概念。产前检查是按照胎宝宝发育和准妈妈生理变化特点制定的，其目的是为了查看胎宝宝发育和准妈妈的健康情况，以便早期发现问题，及早治疗，使准妈妈和胎宝宝能顺利地度过妊娠期。

定期检查能连续观察、了解各个阶段胎宝宝发育和准妈妈身体变化的情况，例如胎宝宝在子宫内生长发育是否正常，准妈妈营养是否良好等；也可及时发现准妈妈常见的并发症，如妊娠水肿、妊娠中毒症、贫血等疾病的早期症状，以便及时治疗，防止病情发展。此外，在孕期，由于胎宝宝在子宫里是浮在羊水中的，因此能经常转动身体，胎位会经常发生变化。如果能及时发现正常的头位转成不正常的臀位时，就能适时纠正。

产前检查一般要求是9～13次

整个孕期的产前检查一般要求是9～13次。初次检查应在停经后3个月以内，以后每隔1～2个月检查1次；怀孕6个月至8个月末（孕21～32周），每月检查1次；9个月以后（孕33～36周），每两周检查1次；最后1个月每周检查1次。如有异常情况，必须按照医生约定的复诊日期去检查和治疗。

产前检查时要如实说明病史

检查时，医生会详细询问准妈妈以往月经周期和全面健康情况，比如，有无不正常的分娩史，这次怀孕的头2个月内有无患过病毒性流感或出过风疹，双方直系亲属中有无患遗传病、高血压或糖尿病的人，有无对某种药物过敏等。

了解这些情况，对准妈妈和胎宝宝的健康很重要。如果准妈妈有一般性的疾病，如轻度贫血，服药和加强营养后即可得到早期治愈；如果准妈妈的心、肺、肝、肾等重要脏器有较严重的不适宜妊娠的疾病，则可以及早采取人工流产方法终止妊娠，以免导致准妈妈发生难以挽回的健康损失，甚至危及母婴生命。

孕 2 月

良好的胎教
促进胚胎发育

胎宝宝主要脏器开始形成

♛ 胎宝宝大体上有人形了

妊娠5周后，利用超声波可看到孕妇子宫内白色环状的胎囊，已由直径10毫米发育成20毫米，胚胎则呈1～11毫米的点状物。妊娠7周，胎囊由31毫米增大至50毫米，胚胎头部至尾部的长度（头臀径）则由8～9毫米长成14毫米左右，头部与躯体的形状已具备。体重约4克。长长的尾巴逐渐缩短，头和躯干也能区别清楚，大体上像个人形了。

♛ 胎宝宝主要脏器初具规模

胎宝宝手脚已分明，甚至5个手指及脚趾都有了，连指头上长指甲的部分也能看得出来。眼睛、耳朵、嘴大致出现了，已经像人的脸了。胃、肠、心脏、肝脏等内脏已初具规模。大致80%的脑、脊髓神经细胞已在这时出现。心脏的跳动是1分钟130～150次，肝脏在明显地发育。这个时期胎宝宝的眼睛还分别长在脸的两个侧面，肌肉组织、神经纤维等并未形成。外生殖器开始形成，但从外表上还分不出性别。孕妇的羊膜腔里积有羊水，胎儿好像漂浮在里面。

准妈妈开始呕吐了，感到有些不安

♛ 准妈妈开始呕吐了

妊娠4～5周内，准妈妈胎盘的绒毛组织所产生的绒毛膜促性腺激素经由尿道排出，若能确定这种激素的存在，即表示已怀孕。大致上来说，大部分人都是因为呕吐而开始留意到自己可能怀孕了。

妊娠初期准妈妈除了恶心之外，还会由于骨盆充血压迫到膀胱引起便秘、腹泻、多尿等现象，同时，常常会感到下腹发胀。这些若非便秘、腹泻、膀胱炎等病症引起的，即是由于内部生殖器官引起的，是由于妊娠引起子宫不规则的收缩，从而导致的一种正常的生理现象，并无大碍，准妈妈不必担心。

♛ 准妈妈喜悦中会不安

大部分准妈妈都会因真切地感到妊娠的具体存在而满怀期望，希望孩子早日诞生。但是也有些准妈妈则因深受呕吐之苦而不能忍受，或因为第一次怀孕对即将到来的孕期和生产感到紧张和担心，产生强烈的不安，出现情绪低落等现象。其实，这种心态很不好。因为紧张不安的精神状态不仅扰乱了准妈妈的孕期生活，也会影响到胎宝宝早期的生成和生长发育。

　　对于这种不稳定的情绪表现，准妈妈应正确认识和调整。积极主动地去多想一些愉快的事情，多看一些轻松、幽默的书籍，多听一些动听优雅的音乐，进一步了解妊娠的呕吐多是由神经紊乱、精神过度紧张造成的，尽量让自己从紧张中放松下来，保持心情舒畅，保持心理平衡；和亲友聊聊天，从而减轻准妈妈妊娠的不良反应和烦躁情绪。

营养胎教：帮助2个月胎宝宝健康度过器官发育的起步阶段

♕ 胎教准备

怀孕第2个月，胎宝宝大体上初具人形，主要脏器才开始形成，此时胎宝宝接收外部刺激的能力还不够，同时，胎宝宝正处于器官发育的起步阶段，大脑的发育更是十分迅速，需要全面必需的营养素。所以，这个月准妈妈的胎教主要以营养胎教为主，丈夫及家人要给准妈妈以精神上的抚慰，努力调节好准妈妈的日常生活，为胎宝宝最初的健康发育创造良好的胎内环境。

♕ 胎教实施

多摄入脂肪：在日常生活中，脂肪的主要来源有食用的豆油、菜油、花生油、芝麻油等植物油以及猪油、牛油、羊油等动物油，还有核桃仁、鱼、虾、动物内脏等。尤其是鱼类，不但含有比动物油更多的不饱和脂肪酸，还含有一种更能健脑益智的营养物质——DHA。

因此，准妈妈每周至少要吃3～5次鱼，如果家庭条件允许的话，最好每天吃1次鱼，每次不少于250克，这样胎宝宝就可以通过胎盘从母体中获得大量的DHA，使脑细胞数量增殖和发育优良。胎宝宝获得DHA的量与准妈妈摄入DHA的量是成正比关系的，即准妈妈吃得越多，胎宝宝吸收DHA的量越多，如果准妈妈怀孕期间鱼吃得少或因为偏食等其他原因使DHA摄入量减少，那么胎宝宝从准妈妈体内获得的DHA含量也就少，这样就会给胎宝宝的大脑发育带来很大的损失，甚至会造成无法弥补的严重后果。

多摄入蛋白质：我们日常生活中食用的猪瘦肉、鱼、牛奶、鸡蛋、奶酪等食品中富含动物蛋白，而黄豆、花生、各种豆制品中富含植物蛋白。准妈妈整个孕期应多吃这些食物，每天摄入的蛋白质不少于80克，而且还要提倡准妈妈将动物蛋白和植物蛋白混合食用，这样可以提高其摄入蛋白质的营养价值。

多摄入钙：钙能保证大脑持续长久地工作，对脑所产生的异常兴奋起到抑制作用，并能使脑细胞避免有害刺激，因此准妈妈怀孕期间对钙的摄取也是很重要的。非妊娠期，女性每天平均需要钙0.4克，而妊娠期，准妈妈每天需钙量必须大于1克，才能满足自己和胎宝宝对钙的需要量。

含钙丰富的食物有鱼、海带、虾皮、芝麻酱、豆制品、乳类、蛋类及水果等。另外，以猪骨、牛骨、羊骨熬成汤后加点醋供准妈妈食用，钙吸收量可达70%以上。

多摄入糖类：脑是消耗能量的器官，虽然脑的重量只占体重的2%左右，但脑的耗能量却占全身总热量的20%，因此脑对能量的需求非常大，而糖类正是大脑活动能量的来源。有人称糖类为"慢性能源"，正是因为它能将能量如细水长流般地提供给大脑，从而成为大脑供能的最佳源泉。

多摄入B族维生素、维生素C和维生素E。B族维生素包括维生素B$_1$、维生素B$_2$、维生素B$_6$、维生素B$_{12}$等。B族维生素对大脑的功能有着间接的作用，它对脑的作用是通过帮助蛋白质代谢而促进脑活动的。所以，准妈妈一定要注意B族维生素的摄取。另外，维生素B$_6$还有减轻早孕反应的作用。

一项研究证实，准妈妈摄取充足量的维生素C，可提高胎宝宝智力。美国营养学家库巴拉和卡兹曾经对人群抽样调查后得出结论，血液中维生素C的含量与智能有着密切关系。由此可见，准妈妈摄入充足的维生素C对胎宝宝的大脑发育很重要。维生素C大量存在于新鲜的绿叶蔬菜、辣椒、豆芽、酸味水果中，特别是枣、橘子、柿子等水果，准妈妈怀孕早期应多吃各种蔬菜和水果。

维生素E具有保护细胞膜的作用，还能防止不饱和脂肪酸的过氧化，即维生素E可以防止脑细胞活力衰退，若体内含有充足的维生素E，可保持脑的活力。维生素E广泛分布在木本植物的果实、种子及谷物的胚芽中。含维生素E丰富的食物有五谷、大豆、花生、芝麻、莴苣、油菜、菜花等，准妈妈在孕早期可多食用。

♔ 胎教效果

孕早期是胎宝宝大脑发育的关键时期，而人的大脑主要由脂类、蛋白质、糖类、钙等成分组成，因此，准妈妈在孕早期多摄取这些营养素有助于胎宝宝大脑的发育。

胎教营养餐

菠萝鸡胗

原料

鸡胗300克，新鲜菠萝150克（或罐装菠萝2片），青椒1个，红甜椒1/2个，植物油、白糖、盐、水淀粉、醋、番茄汁、料酒、蒜片各适量。

做法

青椒、红甜椒洗净，去籽，切块；鸡胗用盐擦洗干净，斜切成十字花刀，放入沸水中煮3分钟，盛起沥干；锅内倒油烧热，爆香蒜片、鸡胗、青椒、红甜椒及菠萝，加料酒焖5分钟；加入水淀粉、白糖、醋、番茄汁所调制好的芡汁勾芡，翻炒几下即可。

清炒鱿鱼卷

原料

水发鱿鱼250克，植物油75克，葱、姜、料酒、盐、胡椒粉、水淀粉各适量。

做法

将鱿鱼洗净从中间切开，一面切成深度的十字花刀，再切成2厘米长的段；葱、姜洗净，切片，将料酒、盐、胡椒粉和水淀粉兑成汁；锅加水烧开，将鱿鱼段入锅稍煮。待其成卷时捞出，控出水分；锅放植物油烧热，把鱿鱼、葱、姜一同入锅稍炒，放入兑好的调料，炒熟即成。

保持良好的心理状态，是对胎宝宝早期最好的胎教

胎教准备

在怀孕早期，大部分准妈妈都会感受到即将做母亲的喜悦感、幸福感和自豪感。但是也有一部分准妈妈由于内分泌的变化，加上早孕反应十分严重，会产生紧张的心理；同时，恶心、呕吐、眩晕、食欲不振等不良反应，还会让准妈妈产生种种担忧，担心妊娠失败甚至厌恶妊娠、担心胎宝宝流产或畸形、担心分娩的疼痛等，进而产生烦躁心理。所以，这个时期要及时开展冥想胎教，这样做有助于帮助准妈妈稳定情绪，给胎宝宝一个安定的生长环境。

♛ 胎教实施

在准妈妈情绪不稳定的时候，可以去想一些愉快的事情，尽量让自己从紧张的情绪中放松下来，保持心情舒畅，保持心理平衡，这样才能保护好初期孕育的胚胎，为日后胎宝宝的正常生长发育和胎教开一个好头。

准妈妈坚持冥想不仅对胎教有好处，也会对分娩有帮助。练习冥想一般需要一个月以上才可以看到效果，所以最好从怀孕的初始起一直练习到分娩之时。准妈妈每天应该练习30分钟到1小时，但也可以根据自己的身体状态适当调整练习时间。

♛ 胎教效果

准妈妈与胎宝宝的神经系统之间虽然没有什么直接的联系，但当准妈妈情绪不佳时，能刺激其自主神经系统的活动，此时内分泌腺就会分泌出多种多样的激素，这些激素又可以经过血液循环进入胎盘，使胎盘的血液成分发生变化，从而影响到胎宝宝的生长发育，导致胎宝宝出现唇裂、腭裂；同时，由于情绪紧张，导致准妈妈的体内环境发生紊乱，会使准妈妈抵抗力降低，易受病原体的感染，从而引起胎宝宝先天畸形。而准妈妈情绪愉快，体内分泌的将是有益于胎宝宝生长发育的激素。准妈妈练习冥想可以让自己保持良好的心理状态，保持稳定、良好、乐观的心境，这就是对胎宝宝早期最好的胎教。

胎教温馨小贴士

孕早期应坚持每天散步：散步有利于准妈妈呼吸新鲜空气，提高神经系统和心、肺功能，促进全身血液循环，增强新陈代谢，加强肌肉活动。所以散步是增强准妈妈和胎儿健康的有效运动方式，准妈妈应坚持每天散步。但要注意，准妈妈最好不要在马路上散步。因为马路上的车辆川流不息，所排放的尾气中不乏致癌致畸物质，严重影响着人体的健康。对准妈妈及胎宝宝的影响更甚。此外，马路、大街上空气混浊，汽车马达轰鸣声、刺耳的高音喇叭声等噪音都会对准妈妈及胎宝宝的健康造成极为不利的影响。

准妈妈散步的地点要有所选择，应到空气清新的公园、郊外、林荫绿地、干净的水塘湖泊边等，以确保准妈妈及胎宝宝的健康。

呼唤胎教：刺激2个月胎宝宝最初的大脑发育

👑 胎教准备

到了怀孕第2个月，胎宝宝的脑已发育至80%，脊髓神经细胞已大部分发育完成，这时就可以具体实施对胎宝宝最初的呼唤胎教了。

👑 胎教实施

进行呼唤胎教，主要在早晨或傍晚。例如，早晨起床前，准妈妈可以轻抚腹部，对胎宝宝说声："起床啦，宝宝。"走在路上，准妈妈可以把眼前的景色生动地讲解给胎宝宝听："瞧，马路上的人真多，空气真新鲜，太阳真明亮！"就寝前，可以由准爸爸通过轻抚妻子腹部的方式来抚摸其腹中的胎儿，并可与胎宝宝对话："哦，小宝宝，爸爸来看你啦。"

👑 胎教效果

通过呼唤胎教，可以刺激胎宝宝的大脑发育，因为孕第2个月是胎宝宝大脑发育最快也是最重要的阶段。呼唤能够让胎宝宝建立一种固定的反应，尤其是呼唤他的名字（如果准父母已经为他取好的话），更会在以后使他与父母之间建立起一种独特的"联系密码"。

用音乐调节准妈妈早孕的紧张情绪

👑 胎教准备

音乐胎教分为两大类，一类是让胎宝宝直接欣赏音乐，一类是准妈妈自己欣赏。由于这时胎宝宝的一些感觉系统尚未发育完成，故本月的音乐胎教主要以准妈妈欣赏音乐为主。准妈妈主要是通过欣赏美好的音乐来调节情绪、平衡心理、养心怡情，从而产生美好的联想，通过准妈妈的神经和体液调节将这种感受传导给胎宝宝，以将自己美好的情绪信息传递给胎宝宝，从而达到胎教的目的。

♛ 胎教实施

本月进行音乐胎教具体方法不限，准妈妈可以戴着耳机听，也可以不戴耳机听，还可以一边听一边唱等，每一位准妈妈都可根据各自的生活环境和喜好随意安排。准妈妈要尽可能多地抽出一些时间来欣赏胎教音乐，让轻柔悦耳的音乐充满自己所处的空间，还可以一边听一边想象腹中胎宝宝那欢快的样子，促使母亲和胎宝宝之间心理上的共谐。欣赏音乐可以一天1～2次。

♛ 胎教效果

由于音乐的曲调、节奏、旋律、音响度不同，对人体产生的情感和理性共鸣的程度就不同，所以，选择胎教音乐时，准妈妈要根据自己的实际情况，有针对性地选择曲目，从而达到胎教的目的。因妊娠2个月时大多数准妈妈都会因呕吐不适而造成食欲不振，因此，我们建议准妈妈听一些促进食欲的音乐，比如民乐《花好月圆》《欢乐舞曲》等。这类乐曲听起来旋律欢快流畅，充满阳光、温暖和喜庆。准妈妈在听音乐时要将自己融入到热情舒畅的乐曲中，忘我地感受音乐氛围，这样才能消除因呕吐等早孕反应带来的不良情绪。

胎教温馨小贴士

根据准妈妈的性格选择胎教音乐：胚胎学研究证明，在受孕后第8周宝宝的听觉器官已开始发育，胚胎从第8周起神经系统初步形成，听觉神经开始发育，尽管发育得还很不成熟，但宝宝已具有可以接受训练的最基本条件，故从妊娠2个月末起，准妈妈和宝宝可以听一些优美、柔和的曲目。每天在室内放1～2次，每次10分钟左右，乐曲不要选得太多，3支曲子就差不多了。音乐胎教不仅可以激发准妈妈愉快的情绪，同时可以适当刺激宝宝的听觉，使其提前适应，为下一步的音乐胎教与语言胎教、对话胎教开个好头。

选择乐曲时要根据准妈妈的不同性格特点选取不同曲词、节奏、旋律和响度的乐曲。准妈妈情绪不稳、性情急躁、胎动频繁不安，则宜选择一些缓慢柔和、轻盈安详的乐曲，如二胡曲《二泉映月》、古筝曲《渔舟唱晚》、民族管弦乐曲《春江花月夜》等。这些柔和平缓并带有诗情画意的乐曲，可以使准妈妈及宝宝逐渐趋于安定状态，并有益于母胎身心健康的发展。

如果准妈妈在孕期感到有些抑郁或不安，则宜选择一些轻松活泼、节奏感强的乐曲，如《春天来了》《步步高》及奥地利作曲家约翰·施特劳斯的《春之声圆舞曲》等。这些乐曲的旋律轻盈优雅，曲调优美酣畅、起伏跳跃，节奏感强，既可以使孕妈妈振奋精神，解除忧虑，也能给腹中的胎宝宝增添生命的活力。

准妈妈烦躁时，准爸爸要帮她平静下来

♛ 胎教准备

怀孕早期，由于胎宝宝的胎盘功能尚未成熟，主要脏器均在发育中，因此，准妈妈在这个特殊时期一定要注意休息和补充营养，还要注意防止流产，这也是本月准妈妈营养胎教的重点。

♛ 胎教实施

一般认为，对于无叶酸缺乏症的准妈妈来说，每天摄取叶酸不宜过多。必要时服用孕妇专用的叶酸制剂，而不是服用普通的用于治疗贫血症的大剂量（每片含叶酸5毫克）叶酸片。同时，准妈妈还要更多地摄入新鲜水果和蔬菜。

为了胎宝宝能够健康地生长发育，建议准妈妈最好在计划怀孕前3个月至怀孕后3个月口服斯利安片，该药为小剂量的叶酸增补剂，在市、区（县）妇幼保健院（所）有售。

♛ 胎教效果

准妈妈如果体内叶酸缺乏会造成流产、胎儿宫内发育迟缓、唇腭裂与先天性心脏病；出生后的婴儿如果发现其神经管畸形，也常常是准妈妈体内叶酸缺乏所致。

所以，准妈妈在妊娠头6周服用含有叶酸的多种食物，可以使胎宝宝患神经管缺陷的危险减少50%~70%。准妈妈在孕7周内可以多食用一些莴苣，有助于胎宝宝的正常发育，尤其是有助于胎宝宝脊髓的正常形成，避免胎宝宝出现发育畸形。

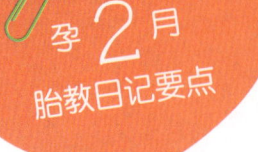
准妈妈在音乐胎教中找到最美妙的触动

胎教音乐要旋律优美、轻柔舒缓

音乐是一种表现人类情感的独特语言，它凭着旋律、节奏和音响度，触及不同种族、不同语系的人们的心灵，让人产生共鸣。对于孕妇来说，它最大的特点便是擅长抒情，能滋养情绪、安抚心理、提升境界；对于胎宝宝来说，音乐（这里是指一些特定的音乐作品）具有刺激大脑的作用。当音乐声传入胎宝宝大脑后，可诱发其大脑突触电位升高，促进大脑的特殊化学合成作用，以达到促进胎宝宝智力发育的目的。

选择胎教乐的要求是：能维持准妈妈愉快的心情，可良性刺激胎宝宝的生长。即胎教音乐应选择那些旋律优美、富有节奏、轻柔舒缓以及抒情性强的作品，切忌选择那些节奏过于强烈、声音力度过于刺激、情绪变化过于快速、抒发的情感过于悲伤的作品，比如爵士乐、摇滚乐等。

胎教音乐曲目推荐

- 丝竹乐：《春江花月夜》《紫竹调》
- 古琴曲：《平湖秋月》
- 古筝曲：《渔舟唱晚》
- 重奏曲：《春天来了》
- 小提琴曲：《新疆之春》《苗岭的早晨》

怎样开展呼唤胎教

胎宝宝感觉器官在孕早期就已发育

据科学家研究发现，胎宝宝的眼、耳、鼻、皮肤等感觉器官，在妊娠早期便已形成，当然，其功能的建立和发展则是妊娠中后期的事了。妊娠中期，胎宝宝对声音已相当敏感，这声音包括准妈妈体内的声音，如大血管的搏动、子宫动脉和脐带血管的搏动以及胃肠的蠕动等；同时也包括准妈妈体外的声音，如外面世界的各种响动，即使是准父母比较微弱的谈话声，胎宝宝也会全神贯注地倾听。有人发现，有时准妈妈偶尔打一次大声的喷嚏，也会使胎宝宝一惊，这说明胎宝宝与外界已通过听力建立起了一套信息传递系统。

隔着肚皮轻轻呼唤胎宝宝

呼唤胎教，顾名思义就是准父母隔着肚皮通过呼唤的方式呼唤胎宝宝。在胎宝宝有了一定反应之后，准父母对着胎宝宝进行呼唤："宝宝，你好，我是妈妈。""我是爸爸。"还可以一边说，一边用双手抚摸准妈妈的肚皮。每天坚持，久而久之，胎宝宝就会对准父母的呼唤发生反应了。

 # 改变不良生活习惯缓解早孕现象

○ 应对呕吐食疗法效果最好

在这个阶段，许多准妈妈都会发生晨起恶心现象。症状轻者食欲下降；少数准妈妈症状明显，吃什么吐什么，不吃也吐，而且嗅觉特别灵敏，嗅到厌恶的气味也会引起呕吐。这些都是正常的妊娠反应。

如果准妈妈发生比较严重的妊娠呕吐，除了进行药物治疗外，也可以通过日常饮食进行辅助治疗。

食疗方 1

麦门冬粥

原料： 鲜麦门冬汁、鲜生地汁各50克，生姜10克，大米80克。

做法： 将大米及生姜入锅，加水煮熟，再下鲜麦门冬汁、鲜生地汁，调匀，煮成稀粥。空腹食。每天2次。

特点： 准妈妈孕早期食用，可安胎止吐。

食疗方 2

生姜乌梅饮

原料： 乌梅肉、生姜各10克，红糖适量。

做法： 将乌梅肉、生姜、红糖加水200克煎汤。每次服100克，每天2次。

特点： 适用于准妈妈孕早期因肝胃不和而造成的妊娠呕吐。

○ 孕早期不适有办法

尿频时尽量少喝水

尿频是怀孕期间大多数准妈妈必经的阶段。在怀孕初期出现尿频主要是因为身体激素分泌改变所导致的，到现在为止还没有特别好的办法来控制这种情况的发生，唯一可行的就是控制饮水量。为了避免夜间频繁上厕所影响睡眠，准妈妈最好在晚饭后就尽量少喝水，临睡前1～2小时内不要喝水。当然，也不能绝对禁饮，因为适量摄取水分可以预防尿路感染。

早孕而产生的尿频只是小便频繁，身体不会出现其他不适症状。如果尿频伴随疼痛或烧灼感等异常现象，不要耽误，应立即到医院做检查，否则可能会影响到肾脏等其他脏器。

胃部不适可以少吃多餐

孕早期，由于胎盘分泌激素的影响，胃部肌肉张力降低，胃肠蠕动减弱，准妈妈常常会感到胃肠道胀满；尤其是胃贲门部括约肌松弛，使食物和消化液有机会从胃里逆流到食管内，食管黏膜受到胃酸的刺激，会产生胃区烧灼感，准妈妈因此感到"胃灼热"。

为缓解胃部不适的感觉，准妈妈可以采取少食多餐的进食方法，包括下午茶和宵夜在内，一天可进食4～5次，尽量减少胃内食物存储量，以少食多餐方式满足机体的需要；不要吃很酸的、味道浓烈的食物和碳酸饮料，以免刺激胃液分泌，加重胃灼痛。另外，饭后立即卧床、进食过多或摄取过多脂肪及吃油炸食品都不可取，因为这些都会加剧"胃灼热"症状。此外，准妈妈应养成定期排便的习惯，可以预防和减轻腹胀。

出现便秘要多吃富含膳食纤维的食物

在孕早期，还有一个让准妈妈不适的问题，那就是便秘。造成便秘的原因可能是由于激素作用于肠道的肌肉，使之松弛，造成排泄能力下降。

要避免便秘，准妈妈在饮食中就要多吃富含膳食纤维的食物，比如多吃水果和蔬菜，尤其多吃香蕉，每天可以喝8～10杯（每杯约250毫升）的水；养成定期排便的习惯；坚持每天适量运动，以助维持良好的肠道功能。如果这些方法仍然不能奏效，就要去医院寻求帮助。

根据胎宝宝的发育开展营养胎教

胎宝宝全身器官大致出现

♛ 胎宝宝真正出现了

到了这个时期，胚胎才转变成真正的胎宝宝，接下来一到两周内，胎盘开始发育，制造出各种激素。脐带将把从准妈妈的血液中摄取到的足够养分传递给胎宝宝，同时将胎宝宝产生的代谢废物输送至母体，排出体外。这个时期的胎宝宝身长为7～9厘米，体重约28克，与第2个月时相比，增长了3～4倍。

这个时期的胎宝宝在身体构造上已具备了头部、胸部、腹部等外形，头部长度约为身长的1/3。中枢神经系统方面发育迅速，首先是背后的脊髓神经在功能上已出现分化、成熟，肌肉或脊髓的末梢神经、神经链等则在以后才开始渐渐长成，胎宝宝的大脑在准妈妈体内平均每天产生5 000万～6 000万个神经细胞。

♛ 胎宝宝全身器官大致出现

第8周初，胎宝宝的头部与躯干可以颈部作为关节而前后左右弯曲伸展；第8周中，胎宝宝的手、脚并未发育完成，但手开始活动；第8周末，胎宝宝的脚与头部、躯干开始活动。同时，由于母亲打喷嚏、咳嗽等引起的腹部压力变化都将促使胎宝宝活动。胎宝宝的皮肤已经有感觉，皮肤的刺激使其脑部更发达。

第9周末，胎宝宝的全身器官大致已经出现，中枢神经系统脊髓上的延髓亦开始活动。

第10周，人形更加清晰，尾巴消失，躯干和腿都长大了，下颌和脸颊更加发达，还长出了鼻子、牙根和声带等，眼睛上已长出眼皮。

第11周，通过透明的皮肤，可以看到胸部、腹部的内脏器官；心脏、肝脏、胃、肠等更加发达；肾脏也日渐发达，已经有了输尿管，胎宝宝可以进行微量排泄了。这一时期的胎宝宝通常有些活动，伸伸手脚，头部一会儿靠左、一会儿靠右，全身像虾一样弯曲、伸缩、跳跃，有时动作慢，有时动作快，并在羊水中活动。

准妈妈的肚子还没有动静，有点烦躁

♛ 肚子还是静悄悄的，感觉不到胎宝宝的存在

这一阶段，准妈妈一般已经习惯呕吐所带来的不适感了，准妈妈的身体上没有太大的变化。此时，只有用超声波才能看到胎宝宝的动态及状况。然而此时，胎宝宝已经实实在在地在母亲体内成长了。怀孕后仍继续工作的准妈妈们，这时就必须克服孕早期的反应，同时创造良好的工作条件，如不要提重物、不要过于疲劳，以使胎宝宝有个良好的生长环境，也使自己的身体反应减小到最低程度。

♛ 准妈妈有点烦躁

准妈妈经历了最初得知怀孕的喜悦和紧张之后，面对呕吐、眩晕等妊娠反应时，难免产生烦躁、忧郁的情绪。一般来说，大多数准妈妈都能积极调整自己的情绪，渐渐变得开朗起来。然而，也不排除有少数准妈妈会产生情绪和心理上的不良反应，即由烦躁而发展至暴躁、发怒。

这个时期，准妈妈要尽量克服自己的不良情绪，努力丰富业余生活，了解发怒的害处，尤其对胎宝宝的害处；多想想腹中的宝宝，体会做母亲的幸福。明白了这个道理后，每一位准妈妈都会更加爱护腹中的胎宝宝而尽量克制自己产生的不良情绪。

均衡的营养确保胎宝宝早期脑发育

👑 胎教准备

脑的生长发育主要依赖细胞数量的增殖和体积的增大，而且脑细胞的增殖具有一次完成的特点，胎宝宝在脑发育期如果营养不良，脑组织结构可能产生不可逆的永久损害，会导致胎宝宝智力低下，甚至终身残疾。这期间，营养全面均衡对胎宝宝早期发育，尤其是脑发育非常重要。因此，第3个月的胎教主要表现为营养胎教。具体来说，就是要求准妈妈除了在孕早期注意饮食中各种营养的均衡搭配外，还要多摄入有助于胎宝宝大脑发育的营养素，这样才能保证胎宝宝的脑发育。

👑 胎教实施

多补充益脑的营养素：蛋白质是人的大脑复杂智力活动中不可缺少的基本物质，对生命的物质结构、功能和大脑发育起着很重要的作用。准妈妈在孕早期加强蛋白质的补充，就能避免胎宝宝因蛋白质供应不足而引起大脑发育障碍。

碘对胎宝宝的大脑发育有着显著的促进作用。如果胎宝宝缺碘，可致胎宝宝智力低下。所以，准妈妈这时要注意吃一些富含碘的食物，如紫菜、海带、裙带菜、海参、蛏子、干贝、海蜇等，以改善体内碘缺乏的状况。

锌对胎宝宝的大脑发育起着不可忽视的作用。如果胎宝宝缺锌，可形成多种畸形。所以，准妈妈要多摄入富含锌的食物。含锌较多的食物有牡蛎、蚌、贝、海带、黄豆、扁豆、麦芽、黑芝麻、紫菜、南瓜子、瘦肉等。

某些维生素缺乏或过多可致胚胎神经系统畸形，亦严重影响智力。如缺乏维生素A可致头小畸形，缺乏维生素B₁₂、叶酸可致神经管畸形，缺乏维生素E可产生无脑儿、露脑畸形等患儿。所以，准妈妈要多食用富含维生素的食物，主要是瓜果类和蔬菜类。

鸡蛋：鸡蛋的营养价值很高，含丰富的蛋白质且利用率高，营养成分全面而均衡，人体所需要的七大营养素除了膳食纤维之外，其余的鸡蛋中全有。鸡蛋的最可贵之处，还在于它能够提供较多的优质蛋白，鸡蛋中的蛋白质含有各种必需氨基酸，这不仅有益于胎宝宝的脑发育，而且母体储存的优质蛋白有利于提高产后母乳的质量，是准妈妈理想的饮食胎教食品。准妈妈每天吃两个鸡蛋左右比较合适，最多也不要超过四个。

核桃：核桃含亚油酸、亚麻酸以及丰富的蛋白质、磷、钙和维生素A等营养物质，因其含较多的不饱和脂肪酸，能强化脑血管弹力和促进神经细胞的活力，故具备多种健脑食品的优点，是脑力健全发达的基本保证。孕3个月前是胎宝宝脑发育的关键期，所以准妈妈在孕3个月前可以多吃核桃。

黄豆（蛋白质食物）或豆制品：蛋白质是一切生命的物质基础，能够帮助胎宝宝快速成长的非蛋白质莫属了。一般来讲，蛋白质的来源有两大类：一是动物蛋白质，如各种奶类、鱼肉、牛肉、虾、肝脏、蛋类及鸡、鸭、蟹等；另一类是植物蛋白质，多种豆类及其制品，像黄豆、青豆、黑豆、豆腐、豆浆等，以及谷类、干果类，如米、面、玉米、花生、核桃、榛子、瓜子等。其中黄豆富含人体必需8种氨基酸，素有"植物蛋白之王"的美称，它还富含脂肪、糖类、胡萝卜素、钙、磷、铁及亚油酸，是准妈妈孕3个月前理想的饮食胎教食品。

DHA鱼油：DHA（俗称脑黄金）是一种对人体非常重要的多不饱和脂肪酸，是神经系统细胞生长及维持的一种主要物质，是大脑和视网膜的重要构成成分，在人体大脑皮层中含量高达20%，在眼睛视网膜中所占比例最大，约占50%，它对脑细胞的分裂、增殖、神经传导、脂肪代谢、突触的生长和发育起着极为重要的作用，对胎宝宝生长、智力发育都有极大的影响。但由于人体自身难以合成足够的DHA，所以准妈妈必须摄入DHA来补充，这样才会有利于胎宝宝的智力发育。

动物肝脏和莴苣：动物肝脏和莴苣富含叶酸，而胎宝宝生长离不开叶酸。所以，准妈妈最好在孕早期多补充叶酸，一般每天需要摄取叶酸0.4毫克，如果家族中有相关遗传病，则每天需要摄取4毫克。除了莴苣和动物肝脏外，瘦肉、深绿色蔬菜都富含叶酸。

虾（虾皮）：虾含有丰富的钙、锌等矿物质元素，每500克虾皮的含钙量高达991毫克。孕早期适量多吃虾或虾皮可以补充钙、锌等营养成分，还可以促进胎宝宝脑部的发育。所以，虾或虾皮是准妈妈补充微量元素、饮食胎教的上佳食品。不过，有过敏反应的准妈妈要慎食。

含维生素C多的水果：准妈妈最好每天喝一杯新鲜的柠檬汁或橙汁，或是多吃一点绿色蔬菜和新鲜水果。可以每天服用维生素C 500毫克，一次服用或早晚饭后各服250毫克都可。准妈妈适当补充维生素C能维持机体血红蛋白的水平，还可以预防感冒。而且，准妈妈多食用含维生素C丰富的水果，生下来的宝宝，记忆力强、头脑清醒、思维敏捷，所以孕早期饮食胎教时可不能少了它。此外，苹果不仅富含锌等微量元素，还富含糖类、多种维生素等营养成分，尤其是纤维含量高，有利于胎宝宝的发育和后天记忆力的加强，素有"益智果"之美称。准妈妈每天吃1～2个苹果可以满足补充锌的需要，适宜于饮食胎教。

小米：孕3个月前是胎宝宝脑等重要器官形成的关键时刻，准妈妈补充丰富的营养素十分重要。而小米中就含有较高的脂肪、钙、镁、锌、铁，以及维生素B_1和维生素B_2，此外还含有较高的胡萝卜素和纤维素，这些都非常有利于胎宝宝早期的脑发育和身体发育。所以，准妈妈在孕3个月前要多吃小米粥，以加强饮食营养。

♛ 胎教效果

究竟食用哪些食品，这是准妈妈在整个孕期都非常关注的。相关营养素和有益的食品每个月都要补充，同样，对不宜食用的食品，准妈妈也要提高警惕，整个孕期都要禁止食用。只有这样，才能达到整个孕期饮食胎教的良好效果，确保准妈妈的饮食对胎宝宝是有益的。

♔ 胎教营养餐

咖喱牛肉土豆丝

原料

牛肉500克，土豆150克，植物油10克，生粉、料酒各适量，酱油、盐、咖喱粉各5克，葱、姜各1克。

做法

将牛肉自横断面切成丝，把生粉、酱油、料酒调汁，加入牛肉丝抓匀；土豆洗净去皮，切成丝；将油烧热，先将葱、姜爆香，再将牛肉丝下锅干炒后，将土豆丝放入，加入盐及咖喱粉，用大火炒几下即成。

特点

此菜富含铁、维生素B₂、叶酸等，均是促进胎宝宝脑发育的重要营养素，尤其适合准妈妈在孕早期食用。

当归枸杞炖猪心

原料

鲜猪心1个，大骨100克，当归3克，枸杞2克，清汤、盐各适量，胡椒粉少许，料酒、生姜各5克。

做法

鲜猪心切厚片，大骨剁成块，当归切片，枸杞泡洗干净，生姜去皮、切片。锅中加水，待水沸时，下入猪心片、大骨，用中火煮净血水，捞出冲洗干净待用。在小炖盅里加入猪心片、大骨、当归、枸杞、生姜片，调入盐、胡椒粉、料酒，注入清汤，加盖入蒸笼，隔水炖约1.5小时即可。

特点

此菜所含维生素B₁、维生素B₂、维生素C、叶酸等有利于胚胎的生长发育，适宜于孕早期准妈妈食用，可以促进胎宝宝的大脑发育。

抚摸胎教：训练3个月胎宝宝初始的触觉发育

👑 胎教准备

其实，2个月的胎宝宝已经开始有感觉了，到了6个月的时候，胎宝宝的皮肤感觉（痛觉、触觉、压觉）就已经开始发育了。准妈妈在第3个月对胎宝宝进行抚摸训练，能激发胎宝宝活动的积极性，增强体质，同时有益于胎宝宝的智力发育。

👑 胎教实施

孕3月抚摸胎教的具体做法是：准妈妈可用双手轻抚腹部，一边抚摸一边呼唤胎宝宝的名字，还可以跟胎宝宝说话，把胎宝宝当成每时每刻和自己生活在一起的人，把自己正在做的或可以和胎宝宝一起做的事告诉胎宝宝。同时，准爸爸也可以选择合适且相对固定的时间抚摸胎宝宝，或用手指轻按准妈妈的腹部，把压力通过腹壁传至胎宝宝皮肤。这样可满足胎宝宝的皮肤"饥饿感"，激发胎宝宝活动的积极性，促使其发生蠕动。

在抚摸胎宝宝时，准妈妈要随时注意胎宝宝的反应。此外，手法要轻柔，循序渐进，不可操之过急。

每次5～10分钟，每天1～2次。

👑 胎教效果

这种练习不仅能训练胎宝宝的触觉，还可以促进胎宝宝的反应和活动，使之出生后反应灵活。坚持触压可以尽早开启胎宝宝的触觉，也可以为胎宝宝日后的运动胎教打下基础。

但要注意的是，有先兆流产或先兆早产的准妈妈不宜进行抚摸训练，准妈妈早期腹痛者也禁止用此方法。

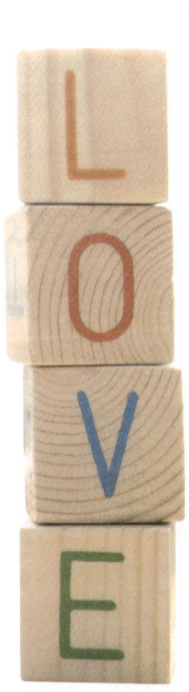

对话胎教：促进3个月胎宝宝的早期身心发育从沟通开始

👑 胎教准备

胎宝宝长至3个月时，准妈妈就可以对他进行对话胎教。准妈妈通过动作和声音与腹中的胎宝宝进行对话，是一种积极有益的胎教手段。在对话过程中，胎宝宝能够通过听觉和触觉感受到来自准妈妈爱的呼唤，这对促进胎宝宝的身心发育十分有利。

👑 胎教实施

准妈妈每天定时与胎宝宝讲话，刚开始时，时间不宜长，每次时间3分钟左右。

准妈妈可以采取坐姿或卧姿，保持心情愉快，面带微笑；对话的内容不宜太复杂，应简洁亲切。

在实施对话胎教时，可根据生活场景的变化而改变对话内容，最好每次都以相同的句子开始和结束，以加强胎宝宝的印象。

比如，可以对胎宝宝说："宝宝，快醒醒，睡得舒服吗？""宝宝，早晨好！""宝宝，妈妈（爸爸）真爱你！""宝宝，好好休息吧。"等等。

进行对话胎教时要注意，吐字要清晰，声音要柔美，语调要缓和。

👑 胎教效果

胎宝宝只知道声音的波长和频率，还没有对世界的认识，不懂得谈话的内容，而且他并不是完全用耳朵听，而是用他的大脑来感觉、接受母体的情绪。所以，准妈妈要集中精力，排除杂念，心中只想着腹中的胎宝宝，把胎宝宝当成一个面对面的宝宝，对他娓娓道来。

准妈妈通过与胎宝宝对话，胎宝宝最初的意识会被轻轻触动，为后面进一步的语言胎教打下基础。

继续音乐胎教：培养准妈妈孕早期镇静平和的情绪

👑 胎教准备

怀孕3个月时，大多数准妈妈仍会有妊娠反应，出现呕吐、眩晕等不适症状，这些通常都会将准妈妈折腾得心情忧郁、烦躁。准妈妈的情绪不佳和心理不平衡会影响胎宝宝的生长发育，所以这时最好的胎教方法之一是培养准妈妈的好情绪。

第3个月继续进行音乐胎教，就是为了让准妈妈恢复安宁和平静，让胎宝宝在早期的生长过程中能健康发育。

👑 胎教实施

孕3月准妈妈可聆听一些促使人镇静的音乐，如民族管弦乐曲《春江花月夜》、琴曲《平沙落雁》等，这类作品旋律优美细腻、柔和平缓，富有诗情画意。准妈妈在聆听的时候不要仅仅满足于感官欣赏，还要根据不同的乐曲对感情和心理上产生的不同刺激，产生各种不同的联想，例如，大海、波浪、潮汐和日升日落，高山、峡谷、瀑布和林间流淌的小溪，森林、草原、骏马和雪白的羊群……

👑 胎教效果

优美细腻、音律柔和、带有诗情画意的音乐有镇静作用；节奏明快、轻松悠扬的动人乐曲，有舒解心情、使人愉快的作用。所以此时准妈妈宜多听这一类的音乐。准妈妈不宜听过分激烈的音乐，这类音乐通常音量较大、节奏感强、声音刺耳嘈杂，容易引起宝宝躁动不安，而且可促进母体分泌一些有害的物质，危及准妈妈和胎宝宝。

👑 运动出健康胎宝宝

对准妈妈来说，运动前一定要和医生沟通，看自己是否适合做运动，适合做什么运动以及运动多长时间。要进行有规律的运动，然后循序渐进，逐渐增加运动量。运动前的准备工作即热身活动一定要做足，运动前准妈妈最好做些低强度的有氧运动，如散步或者轻柔的舒展运动，充分热身。

● 练习简单的呼吸法

准妈妈躺着和坐着时可以做做简单的呼吸法。先暗示自己全身放松，要一个部位一个部位地放松，然后柔和地开始深吸气，再慢慢地、细细地、自然地呼气。呼吸时，尽可能让内心处于愉悦状态，这对调节体内血液循环、放松肌体、解除疲劳很有作用。准妈妈由于体内的负担越来越大，容易出现腰酸背痛等不适，可将注意力放在腰部，暗示自己放松腰部，再进行上述的吸气呼气，这样可以减轻不适症状。

● 进行有氧运动

取坐姿，双膝弯曲，两脚心相对，双手分别握住同侧的脚踝部位。

侧卧，抬起上身，抬高一条腿，并反复做屈膝练习。

准妈妈在练习过程中动作要柔和，切忌做出过激动作。另外，准妈妈还要注意保持身体平衡，腿部切忌突然从空中落下。

● 球上摇摆运动

准妈妈坐在健身球上，双腿尽量叉开，以维持身体的稳定性，上身保持坐直。呼气，左手扶住腰部，身体尽量向左弯曲，头部也随之向左倾斜，右手自然下垂。吸气，身体回到原位。然后根据自己的身体状况重复6～8次。换另一侧做同样练习。

对于平时不喜欢运动的准妈妈来说，买个健身球回家是再好不过的选择了。因为健身球有个好处，即使你坐在上面不运动也会消耗热量，帮助你消除脂肪，所以它适合不同运动水平的准妈妈。

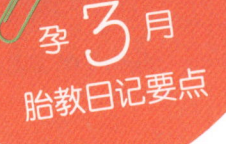

孕 **3**月
胎教日记要点

重视第一次孕期健康检查

　　孕期第一次健康检查，也就是孕早期（1～12周）检查，通常在准妈妈怀孕3个月内进行。孕早期检查项目一般包括以下几个方面。

病史了解

　　医生会对准妈妈的既往病史、月经史、药物过敏史、家族史、婚姻史、既往孕产史进行了解；同时，了解准妈妈有无影响妊娠的疾病或异常情况。

体格检查

　　检查准妈妈的血压、体重、身高、心、肺、肝、脾、甲状腺、乳房等，了解准妈妈身体变化及营养状况。

妇科检查

　　了解准妈妈的子宫位置、大小、形状是否与确定的怀孕月份相当，并检查有无生殖系统炎症、肿瘤以及其他异常情况等。

实验室检查

　　包括化验血常规、尿常规、乙肝表面抗原、肝功能、梅毒血清、风疹病毒、弓形虫等检查。

特殊检查

　　如果准妈妈属于高危人群，还必须进行淋球菌、衣原体等检查。

怎样开展抚摸（按摩、触压）胎教

准妈妈进行抚摸（按摩、触压）胎教时，可以仰卧在床上，也可以采取半仰姿势，以自身感觉舒适为宜，全身放松，呼吸均匀，双手放在胎宝宝的位置上进行抚摸。

具体手法是：双手从上而下、从左至右，轻柔、缓慢地抚摸胎宝宝，心里默想：宝宝，妈妈爱你！

注意事项：首先，抚摸及按压时动作要轻柔，以免用力过度引起意外。其次，有的准妈妈在孕中、晚期经常会有一阵阵的腹壁变硬，可能是不规则的子宫收缩，此时千万不可进行抚摸胎教，以免引起早产。最后要提醒的是，如果准妈妈有不良产史，如流产、早产、产前出血等，则不宜使用抚摸胎教。

在触压、抚摸胎宝宝时，准妈妈要随时注意胎宝宝的反应。抚摸一般可在傍晚胎动频繁时进行，每次5～10分钟，每天1～2次。

 # 准妈妈不宜吃的食物

○ 螃蟹、甲鱼等寒凉食品

某些水产品有活血软坚的作用，食用后容易造成准妈妈早期出血、流产等现象，如螃蟹，尽管其味道鲜美，但由于其性寒，有活血祛瘀的功效，尤其是蟹爪，有明显的堕胎作用。对于一般人来说，甲鱼具有滋阴益肾之功，是大补元气、营养丰富的滋补佳品。可对准妈妈来说，甲鱼性寒，有较强的通血散瘀之效，有一定的堕胎作用。所以，准妈妈不宜食用。

根据中医的说法，生冷寒凉的食物，如西瓜、绿豆沙、生鱼片、凉茶等，也对准妈妈不利，不宜多吃；此外，湿热的食物，如杧果等，也不宜多吃，否则易导致头晕、心悸及呕吐，会加重孕早期的反应。

○ 当归、薏米等活血食品

当归具有活血调经的功效，并且其碱性物质挥发油还有兴奋子宫的作用。准妈妈在孕早期食用后，易发生子宫收缩而导致阴道流血。

薏米也叫苡米，既是一种食品又是一种药品。中医认为，薏米药性滑利，对子宫平滑肌有兴奋作用，可促使子宫收缩、引发流产。所以，准妈妈在孕早期也不宜食用。

○ 桂圆等燥热食品

虽然从营养成分看，桂圆中含有葡萄糖、维生素、蔗糖等物质，营养很丰富，中医认为它有补心安神、养血益脾之效。但桂圆性温大热，准妈妈本身就阴血偏虚，阴虚则滋生内热，往往有大便干燥、口干而胎热、肝经郁热等症状，所以不宜食用。

中医一贯主张胎前宜清热凉血，而桂圆性温大热，如果准妈妈食用不仅不能保胎，反而易出现漏红、腹痛等先兆流产症状。如果准妈妈因食用桂圆而有流产症状，应立即停食，可遵医嘱服中药清热保胎。

○ 松花蛋、油条、味精等含化学添加剂的食品

松花蛋往往含铅元素，经常食用，会引起铅中毒，导致缺钙，准妈妈尤忌吃。

油条的制作中加入了明矾，明矾是一种含铝的无机物，准妈妈摄入的铝通过胎盘会侵入胎宝宝的大脑，从而造成胎宝宝大脑发育障碍。一般来说，炸油条时，每500克面粉就要用15克明矾，也就是说准妈妈每天早上吃2根油条，就等于食用了3克明矾，日积月累摄入的铝十分惊人，对胎宝宝生长发育的影响危害很大。

味精的主要成分是谷氨酸钠，血液中的锌与其结合后便会从尿液中排出，所以味精摄入过多会消耗体内的锌元素，导致准妈妈体内缺锌，而锌是胎儿生长发育之必需品，故准妈妈应少吃。

罐头食品在制作过程中都加入一定量的添加剂，如人工合成色素、香精、防腐剂等。尽管这些添加剂对成人的健康影响不大，但如果准妈妈食入过多则对母婴健康不利；另外，罐头食品经高温处理后，食物中的维生素和其他营养成分都已受到一定程度的破坏，营养价值并不高。所以，准妈妈尽量不要食用罐头食品，要多食用新鲜的无污染的绿色食物。

○ 精米面

精制大米和精制面等在精制加工过程中常常会损失掉各种微量元素（铬、锰、锌等）及维生素 B_1、维生素 B_6、维生素 E 等人体必需的元素，而这些营养素对准妈妈和胎宝宝来说非常重要，如果准妈妈偏食精米、精面，则易患营养缺乏症。所以，准妈妈要尽可能以"完整食品"（指未经精细加工过的食品，或经部分精制的食品）作为热量的主要来源，不吃或少吃精制大米和精制面等。

MOTHER
&
BABY

PART

04

孕中期（孕4~7个月）：
别放松，这是胎教的加强期

准妈妈的情感与胎宝宝之间已经产生了联系，

准妈妈应该像对婴儿那样，

对胎宝宝进行全面的胎教训练。

开展音乐胎教，促使宝宝神经细胞生长，

开展母婴共同运动胎教，

帮助宝宝建立最初的条件反射……

孕4月

开展语言胎教的
最佳时期

胎宝宝的心音能测到了，还会做小动作

♛ 胎宝宝的心音能测到了

妊娠至13周时，用胎心仪（B超）就应该能
测到胎宝宝的胎心音了。到第16周末时，胎宝宝
体重达100～120克，身长达15厘米。胎宝宝皮肤
在颜色加红的同时也加厚了，脸上长出叫毫毛的
细毛。

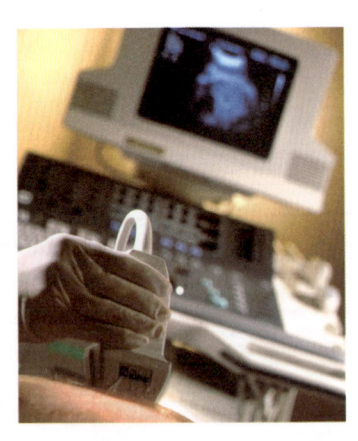

此时，胎宝宝的胳膊、腿能稍微活动了；内
脏的形态发育完成，心脏大致已经形成，心脏搏
动更加活跃，用超声波听诊器可测出胎宝宝的心音；消化器官、泌尿器官等已具
备部分功能，并有尿意；中枢神经方面，脑部重要的记忆系统海马开始在大脑中
形成，大脑将覆盖间脑并产生免疫物质；制造血液的地方由肝脏移至脾脏；脸部
已完全形成，嘴形亦大致发育完成；此时，胎盘形成了，胎宝宝与母体的联系也
更加紧密；流产的可能性大大减少，由于胎盘长出，改善了胎儿营养的供给，胎
宝宝的成长速度加快，胎膜长结实了，羊水也从这个时期开始急速增加。

👑 胎宝宝有时做做小动作

对于外来的刺激，胎宝宝身体仍然没有较强烈的反应；尽管能做开口运动，且呼吸器官也发达起来，但肺部组织尚未具有功能；耳朵从第4个月开始可听清子宫外部的声音，如果突然听到很高的声音，胎宝宝会做出迅速的反应。这时的胎宝宝已能完成全身上下的运动，手指、脚趾、手腕等细小器官亦相当发达，同时，手可移至身体各部位，如摸摸膝盖、摸摸脐带、两手放在脸部的前面做有节奏性的移动，还可用手搔头、搔脸等，偶尔亦做些跳跃的运动。

准妈妈的肚子微微凸起，有时还是会担心

👑 准妈妈肚子微微凸起来了

这时的准妈妈腹部微凸，但不是很明显；子宫变大、多尿、骨盆充血，并影响大肠蠕动而常常发生便秘。此时，准妈妈乳房明显变大，准妈妈要随时

保持乳头的洁净，并擦上乳霜，若发现乳头凹陷进去，特别需要注意清洁问题，并请教医生及时纠正，为日后哺乳做好准备。注意在妊娠早期不要过分按摩乳房，免得诱发子宫收缩而造成流产。

👑 准妈妈尽管有点担心，但还是很甜蜜

妊娠4个月时，妊娠的早期反应已渐渐消失，这时大部分准妈妈会将心思逐渐放到腹中的胎宝宝身

上，慢慢会产生各种各样的猜测和担心：孩子是否有缺陷？长得像爸爸还是像妈妈？是聪明健康还是愚笨体弱？是男还是女……这些担心都会造成准妈妈心理上的压力。心态良好的准妈妈会在猜测中享受做母亲的甜蜜；容易紧张的准妈妈，则会在担心当中增加心理负荷，从而产生悲观消极的情绪，给胎宝宝带来不良的影响。

这时的准妈妈，应以积极美好的遐想来体验做母亲的愉悦和对未来生活的憧憬，消除对胎宝宝不利的想法，也消除自己的心理负担。

语言胎教：建立胎宝宝对语言的最初记忆

👑 胎教准备

胎宝宝到了4个月，大脑还在进一步发育，为了促进胎宝宝大脑的更好发育，强化胎宝宝对语言的最初刺激感觉，准妈妈在胎宝宝4个月时，需要用语言直接进行胎教。

👑 胎教实施

第4个月进行的语言胎教主要包括放录音给胎宝宝听，为胎宝宝讲故事。

给胎宝宝放录音时，可选择词汇简洁、生动、形象的小故事、儿歌、民谣等；在为胎宝宝讲故事时，准妈妈可以任意发挥，根据自己的生活编些小故事或读故事书，内容宜短，句子宜简单，轻快和谐。内容压抑、恐怖的故事不要给胎宝宝讲。讲故事时，准妈妈要用亲切温柔的语调，把胎宝宝当成一个大孩子，声音要缓和，吐字要清晰，要充满爱心地娓娓道来。语言胎教每天可进行1～2次，每次10分钟左右，要在胎宝宝醒着（即有胎动）时进行。

👑 胎教效果

准妈妈对外界事物的感觉都能通过某种途径巧妙地转化为信息刺激，直接作用于胎宝宝。所以，这时的准妈妈如果抓住这个最早的教育时期，加强与胎宝宝之间的交流，给予语言的良性刺激，就会影响胎宝宝的精神世界。

按摩胎教：刺激胎宝宝的早期身体反应

♛ 胎教准备

早在怀孕第7周，胎宝宝就开始了自发的"体育运动"，如吞咽、咂嘴、握拳、蹬腿、转体、游泳等。从这时起，准妈妈就在胎宝宝自发运动的基础上，要适当适时地帮助胎宝宝进行按摩刺激和训练。

♛ 胎教实施

按摩胎教的具体做法是：准妈妈仰卧，全身放松，先用手在腹部来回抚摸，然后用手指轻按腹部的不同部位，并观察胎宝宝有何反应。开始时动作宜轻，时间宜短。每次时间以5～10分钟为宜。

胎教温馨小贴士

胎教理论主张对宝宝进行运动训练，这可以激发宝宝运动的积极性，促进宝宝身心发育，但运动量一定要适当。现代医学已证明，胎动的强弱和胎动的频率可以预示宝宝在母体内的健康状况，有人曾对胎动强者和胎动弱者进行观察，发现在宫内活动强者出生后其动作的协调性和反应的灵敏度上均优于出生前胎动弱者。凡是在母体内受过运动训练的宝宝出生后翻身、爬行、坐立、行走及跳跃等动作都明显地早于一般的宝宝。因此宝宝的运动训练确实不失为一种积极有效的胎教手段。

有些准妈妈对宝宝进行运动训练表示担心，认为锻炼会伤害宝宝，其实这种担心是多余的，宝宝在4个月时胎盘已经很牢固了，宝宝此时在母体内具有较大的活动空间。而且环绕着宝宝的羊水对于外来的作用力具有缓冲作用，可以保护宝宝。所以准妈妈对宝宝进行运动训练时并不会直接碰到宝宝，这一点准妈妈大可放心，进行适当的宝宝运动训练是不会伤害宝宝的。

♛ 胎教效果

适时适当地进行一些按摩的刺激，可以促进全身血液循环，增加胎盘供血，有利于胎宝宝健康发育，还可促进胎宝宝的身体刺激反应。在胎宝宝生长发育的必经之路上，胎宝宝的全身骨骼、肌肉和各器官在运动中可以不断受到锻炼和发展，能让胎宝宝在运动中逐渐健康长大。

光照胎教：适度刺激胎宝宝视觉的早期发育

♛ 胎教准备

胎宝宝的视觉在怀孕第13周就已经形成了，对光很敏感。到怀孕第4个月时，胎宝宝对光线已经非常敏感。但是由于胎宝宝在25周前一般不愿睁开眼睛，所以，这个月进行光照胎教只是为了适度刺激胎宝宝视觉的早期发育。

♛ 胎教实施

光照胎教具体的做法是：在温室内将腹部袒露，将手电筒光线照射在准妈妈的腹部上，每次5分钟左右。结束前可反复多次关、开手电筒，让胎宝宝有个适应的时间，以减少对胎宝宝视力的不良刺激，切忌光线太强。

大多数时候，可以用各种颜色的彩灯，先后照向腹部，1～2分钟转换1次，而且灯光要活跃，由近而远，逐渐形成多种形式。

准妈妈也可以迎着阳光散步，让太阳温暖柔和的光线直射在腹部。

👑 胎教效果

第4个月对胎宝宝进行光照胎教只是为了适度刺激胎宝宝视觉的早期发育，经过坚持不懈的光照胎教，到了怀孕后期，可发现胎宝宝眼球活动次数会随着光线的变化而增加，心率也会出现剧烈变化。

第4个月开始，准妈妈膳食要补钙

👑 胎教准备

准妈妈怀孕4个月，胎宝宝进入生长发育较快的阶段。此时，胎宝宝骨骼和大脑需要补充大量的磷、钙，一定量的碘、锌和各种维生素及大量的蛋白质，而准妈妈在这个阶段也需要蛋白质供给子宫、胎盘和乳房。

👑 胎教实施

具体地说，准妈妈的饮食每天要荤素、粗细搭配，多吃豆制品，多吃含热量高的食物，多进食大米、面粉等主食，最好每天能达到400克以上，并要适当吃些玉米、小米、麦片等杂粮，做到粗细搭配；准妈妈除每天进食牛奶、豆奶、豆制品、海带、紫菜、虾皮等食物进行补钙外，还应增加户外活动，如散步、多晒太阳，以增加体内维生素D，帮助钙的吸收。

准妈妈还应进食足量的新鲜水果和蔬菜，以补充胡萝卜素和维生素C，每天最好摄入500克蔬菜，蔬菜不足的季节可吃些豆芽以补充维生素C，防止由于子宫逐步膨大压迫肠道而引起便秘。此外，这期间的食物宜偏淡，要吃些汤汁以补充水分。

👑 胎教效果

怀孕第4～6个月，有的准妈妈会随着妊娠月份的增长而发生小腿抽筋，这主要是由于体内血钙水平降低所致，因此这阶段需要多补充含钙丰富的食物，增加蛋白质尤其是优质蛋白质的摄入，满足自身和胎宝宝迅速生长的需要。

念读适宜的民谣和儿童诗

秋天到/佚名

枫树叶，穿红袄；银杏树，穿黄袄；杨柳叶，随风飘。

我知道，我知道，准是秋天来到了。

云儿/佚名

云儿、云儿，轻又轻，随着风儿去旅行。

有时像棉絮，有时像鱼鳞……

到底像什么?

我也说不清。

小纽扣/（台）林焕彰

我喜欢弄脏衣服，要常常换洗，

妈妈缝在我身上的小纽扣，

那些小纽扣，

就一颗颗地脱落。

哦！童年，

已经找不回来了，

像妈妈缝在我身上的那些小纽扣。

语言胎教要选择语言简明、富有画面感的内容

准父母在对胎宝宝进行语言胎教时，最好选择那些语言简洁、画面形象丰富、蕴含色彩的作品。

语言胎教可以在轻松愉快的环境中进行，准父母选择一些简单明了的短文、儿歌、童谣、故事等对胎宝宝进行讲述。由于准爸爸的声音更为低沉和醇厚，所以胎宝宝尤其喜欢"听"爸爸的朗读，我们建议，准爸爸要多给胎宝宝讲读一些优美的文章和短语，把胎宝宝带入一个充满意境的美妙世界。

当孕妈妈外出散步、买东西、郊游、参观时，要善于与周围的人微笑相处。只有这样，才会捕捉到生活中不少充满乐趣的新课题，以便有情感、绘声绘色、自言自语地对宝宝讲授。诸如人们生活中的友善相处、自然界不同季节的变化、动物的生态情况等，让宝宝在母体内生活的过程中，逐渐熟悉自然界及人类社会的知识，让宝宝在宝宝时期就对自己将要降临的人间有所感觉。

孕中期准妈妈的健康不可忽视

● 孕中期的特别护理

保持阴部清洁

怀孕后，准妈妈孕激素水平的变化会引起阴道内pH值的变化，阴道分泌物可能会增多，阴道的气味也会发生改变。而且随着妊娠的进展，尤其进入孕中期后，阴道分泌物会变得相当多。所以，保持生殖器官的卫生很重要。

准妈妈要注意保持外阴清洁，坚持每天用温开水清洗外阴；为防止交叉感染，要准备专用的水盆和毛巾；大便后，注意要从前向后擦拭，以避免将肛门周围的大便和不洁物带入阴道；每天换洗内衣裤，洗净的内裤要在阳光下曝晒；避免穿紧身内衣和化纤类内裤，保持阴部的透气和干燥。

注意观察白带

如果分泌出的白带是乳白色或浅黄色，并且无味，就说明是正常的生理现象，不必担心；如果白带增多的同时，还伴有颜色和性状的改变，甚至出现臭味和外阴瘙痒，就应该立即去医院检查和治疗。

防治便秘

准妈妈怀孕后由于孕激素增高，使肠道肌肉松弛；并且胃酸分泌减少，胃肠蠕动减缓，排空时间延长；加之子宫压迫肠道，从而使大便易结块，出现排便不畅，导致便秘。如果发生了便秘准妈妈可以通过调理饮食、纠正不良饮食习惯来改善。可试试以下几种方法。

多喝水：坚持每天早晨空腹喝一杯温开水，饭后可服用铁剂并喝水，适当喝一些蜂蜜水。

多摄入膳食纤维：多吃富含膳食纤维的蔬菜、水果以及芝麻、核桃等润肠食物。注意饮食调理，避免食用辛辣食物和易胀气的食物。

养成每天定时排便的良好习惯：有排便意识时应立即排出，不要强忍。

适当运动，保证健康生活方式：多散步，以帮助肠蠕动；减少久站和久坐的时间，保持血液循环畅通；保证充足的睡眠，身心放松。

● 重视妊娠期糖尿病筛查

妊娠期糖尿病对母胎危害大

妊娠期糖尿病仅指妊娠期发生的糖尿病，多发生在怀孕3个月后，分娩后大部分可恢复正常。妊娠期糖尿病的发病率高达6.0%，对母胎的健康影响很大。

增加孕期疾病的发生：增加孕期并发症、妊娠高血压综合征的发生率；造成感染增多，如肾盂肾炎、无症状菌尿、皮肤疖肿、伤口感染、产褥感染、乳腺炎等。

造成胎儿宫内发育迟缓：会引起胎儿宫内窘迫，窒息率增加，严重的还会发生缺血缺氧性脑病，产生神经系统后遗症。

造成胎儿过大：可出现难产及胎儿死亡等。患妊娠期糖尿病的准妈妈孕育巨大儿发生率增加，使难产、产伤和胎儿死亡发生率增加；并有产程延长的可能，还会出现产程停滞和产后出血等；剖腹产率和胎儿畸形率增加。

重视妊娠期糖尿病筛查

妊娠期糖尿病发病原因是多方面的，肥胖、饮食结构不合理是其中的一个原因，因此，孕期除了要注意饮食搭配合理、适当控制体重外，早期筛查、诊断妊娠期糖尿病，及早干预治疗，将大大增高孕妇围产期的安全性，降低新生儿得病率及死亡率。正常妊娠而无高危因素的准妈妈应在孕24～28周采血化验筛查，而高危因素准妈妈首诊时就应该接受筛查。具体筛查方法是：在孕24周，孕妇口服葡萄糖50克，测定餐后两小时血浆葡萄糖含量。

妊娠合并糖尿病准妈妈的饮食

控制饮食量：米、面、薯类的摄入按照糖类占总食物摄入量的55%的比例摄取；要坚持少吃多餐，保证24小时的血糖浓度维持在一个相对平稳的水平。

控制高糖食物的摄入量：一定要限制吃糖、多糖水果等。

控制盐的摄入量：一定要限制盐的摄入量，尽量吃清淡的食品。

保证蛋白质摄入充足：饮食中要摄入充足的蛋白质，确保蛋白质摄入量占日总热量的25%，多吃肉、蛋、牛奶等。

保证维生素摄入充足：多吃蔬菜、低糖水果、牛奶等。

保证矿物质补充充足：多吃富含矿物质的食品，如虾皮、海带及果仁等。

孕5月

帮助胎宝宝
张开活动的翅膀

胎宝宝已经分出男女了

♛ 胎宝宝分出男女了

到第5个月初的时候，通过胎宝宝阴部已经能明显辨认胎宝宝的性别了。从第5个月开始后，胎宝宝的成长很惊人，身长能长到18～27厘米，体重可高达250～300克。胎宝宝开始长头发、眉毛、指甲，全身长出胎毛，皮肤渐渐呈现美丽的红色。此时，皮肤的触觉较灵敏，皮下脂肪开始沉着；外耳、胃部出现制造黏液的细胞，体内基本构造已是最后的完成阶段，延髓进入脊髓时期。大脑未出现折痕，中脑进至菱脑—脊髓时期，并能做复杂的反射动作。

♛ 胎宝宝在活动

这个阶段的胎宝宝已能做些精细的动作，两手能在脸部前方相握，做抓手运动、跳跃运动，手还不时地抚摸自己的脸，手指触摸嘴唇而产生的反射动作——开口动作，渐渐地由反射动作转为自然的动作。脚可以踢到子宫壁，身体可以频繁地在羊水内改变姿势玩耍。这时，准妈妈会感到明显的胎动，可以听到强而有力的胎心音。

胎宝宝脑的记忆系统开始启动，能够记住频繁入耳的准妈妈的声音。由于胎宝宝的动态已涉及中枢神经，使得准妈妈的日常生活与胎宝宝之间的联系更加复杂，准妈妈接受到的刺激可直接影响到胎宝宝的动作。

准妈妈的腹部逐渐隆起，感到有点害羞

👑 准妈妈的腹部渐渐隆起

这个月末准妈妈子宫已提升至肚脐附近的位置，腹部逐渐地隆起，这段时间是妊娠中最安定快乐的时期。有些准妈妈已能感觉到胎儿的胎动现象，从未生过孩子的准妈妈感觉胎动的时候可能会稍晚些（有的要到20周才能感觉到）。到了这一阶段，准妈妈的子宫像一个成人的头一样大小，子宫底的高度位于耻骨上方15~18厘米处，准妈妈的乳房和臀围也开始明显变大，皮下脂肪渐渐增厚，体重增加。

这期间，准妈妈体重平均增加了10~12千克，其中5千克是胎盘、羊水、胎儿的重量，而剩下的6千克则是准妈妈的腰部脂肪、乳房肥大、血液增加等的重量。一般来说，妊娠前至妊娠后期体重的增加，最理想是在10千克左右。准妈妈怀孕早期时，体重没有明显增加，妊娠至4个月时，体重才开始逐步增加，至妊娠第7个月（第28周），体重应增加10千克以上才正常。也就是说，准妈妈每4周（1个月）即应增加3千克以上的体重。

妊娠至19周时，有的准妈妈阴道内会分泌出像水一样的黏液，这流出来的一般是假羊水。羊水若太满，胎宝宝会在子宫内频繁活动，反而对准妈妈不太好，因此部分羊水自溢而出，不需要住院治疗。

👑 准妈妈感到有点害羞

怀孕至5个月时，大部分准妈妈小腹已微微隆起并能看出来，这时有些准妈妈常会产生害羞的心理，不想将孕身示人，有时甚至会因外观上的变化造成心理上的紧张和失衡，还有的准妈妈这时仍不能从孕早期低落、忧郁的心理中走出来，总感到烦闷、沮丧，打不起精神。

根据英国妇产科学界的报告，母体的高血压将对胎儿产生负面影响。这时的准妈妈若仍然情绪紧张，会造成血压升高，进而加剧对胎儿的不利影响。而且，忧郁的情绪持续一段时间后，会造成准妈妈失眠、厌食、性功能减退和自主神经紊乱，导致体内血液中调节情绪和大脑的各种功能的物质含量偏低，直接影响到胎宝宝的正常发育。

对于准妈妈而言，千万不能钻进不良情绪的牛角尖，要主动找一些自己喜爱的事情做，如唱歌、看电影、与朋友聊天等。多和乐观开朗的人接触，心中有烦闷就要倾诉出来，随时分散自己对烦恼事情的注意力，这样才有利于情绪调节，也有利于胎宝宝的发育。准妈妈的内心只有充满爱意和甜蜜，这种情感才会随时传递给腹内的胎宝宝，使胎宝宝在爱心中茁壮成长。

游戏胎教：每天互动可以帮助胎宝宝最初的运动发育

♛ 胎教准备

准妈妈在妊娠5个月时，已经明显感到胎动，也就是说，准妈妈的日常行为与胎宝宝之间动作的联系更加紧密，从而可以开始为胎宝宝进行游戏胎教了。

♛ 胎教实施

游戏胎教的具体做法是：当胎宝宝无意中踢到准妈妈的腹部时，准妈妈马上在被胎宝宝踢过的部位轻轻拍几下。如此反复，胎宝宝一踢准妈妈就拍。

♛ 胎教效果

刚开始时，胎宝宝对准妈妈的拍打没有反应，会远远地避开。准妈妈拍了几次后，胎宝宝渐渐会感觉到妈妈对自己的"问候"，就会做出反应。当胎宝宝和准妈妈建立了某种联系以后，准妈妈可以主动在胎宝宝醒着的时候去拍打他，胎宝宝接受了准妈妈的"游戏"，自然会在准妈妈拍打过的部位踢上一脚。然后准妈妈可以换个地方与胎宝宝做游戏，胎宝宝也会跟着准妈妈换地方踢。久而久之，准妈妈和胎宝宝就做起"游戏"来了。

胎教温馨小贴士

与胎宝宝玩纸牌配对游戏：本月正是胎宝宝大脑发育较快的时期，准妈妈应该从现在起就培养胎宝宝的联想潜能，这对宝宝未来的学习具有很大帮助。准妈妈准备一些纸张或卡片，然后找一些图片贴在卡片上，做成索引卡，索引卡的内容要属于同一类，如一个苹果与一根香蕉，一辆轿车与一架飞机，一只鹦鹉与一只巨嘴鸟……其次，将所有的卡片放在一起，洗牌，并让有图的正面朝下，翻开两张卡片，如不属于同一类，则仍然正面朝下放回原处，然后再翻开两张，并判断卡片上的物体是否属于同一类。如果属于同一类，说明配对成功，可以将这两张卡片拿走，另放一边。

随着游戏的进行，卡片被一个一个地翻开。对每一张卡片的位置记得越清楚，成功配对的概率越大。有时你选的一张卡片可以有不同的配对方式。例如，有四样东西：轿车、火车、飞机及云。设计前的原意是用飞机与云配对，因为它们都属于天空，而翻开"飞机"与"云"时把它们配成一对。

运动胎教：准妈妈徒手操帮助胎宝宝肢体活动

♔ 胎教准备

准妈妈在怀孕5个月时的运动胎教，就是指自身进行适宜的体育运动。这个时期开始，准妈妈的运动胎教不仅可以减轻疲劳、预防孕中晚期的腰酸背痛，还有助于增强骨盆底部肌肉的韧性及伸展大腿的肌肉，有利于顺利分娩。

♔ 胎教实施

准妈妈做徒手操是运动胎教中非常安全有效的方式。

● 背部运动

缓解背痛的运动方法：平躺，膝盖弯曲，双脚底平贴地面，同时下腹肌肉收缩使臀部稍微抬离地板，然后再放下。做运动的同时配合呼吸，先自鼻孔吸入一口气，然后自口中慢慢吐气，吐气时将背部压向地面至收缩腹部，放松背部及腹部时再吸气，吐气后会觉得背部比以前平坦。

次数：每次20遍，每天1～2次。

● 训练骨盆底部肌肉运动

训练骨盆底部肌肉运动的方法：坐在地板上，两足在脚踝处交叉，轻轻地把两膝向下推，或两足底相对合在一起，且向下轻压两膝。

次数：每次20遍，每天1～2次。

● 伸展大腿的肌肉运动

伸展大腿的肌肉运动的方法一：平躺，两手置身旁两侧，做一个廓清式呼吸（即深吸一口气，用力吐出一口气）。慢慢抬起右腿，脚尖向前伸直，同时慢慢自鼻孔吸入一口气，注意两膝要伸直。然后脚掌向上屈曲，右腿慢慢放回地面，同时自口呼出一口气。接着左腿以同样的动作做1次。

注意吸气和呼气，要与腿的抬高及放下配合进行。当抬腿时，两脚尖尽量向前伸直；腿放下时，脚掌向上屈曲，膝盖要保持挺直。

次数：每条腿各做5次，每天1～2次。

伸展大腿的肌肉运动的方法二：站立，手臂和身体呈直角向外伸开，做廓清式呼吸。慢慢抬起右腿，脚尖向前伸直，同时自鼻孔吸入一口气，再自口吐气时，脚掌向上屈曲，同时右腿向右侧外方伸展，慢慢放下右腿，靠近右手臂位置。接下来，脚尖再次向前伸直，自鼻孔吸气，抬高右腿，接着一面自口吐气，一面将右腿放回最初位置的地面上。左腿同样做一次，注意没有抬高的那条腿要保持平贴地面。

次数：每条腿各做5次，每天1～2次。

要注意，准妈妈运动胎教的时间不宜过长。

👑 胎教效果

准妈妈适时开展运动胎教，能促进胎宝宝大脑及肌肉的健康发育，帮助胎宝宝孕中期的四肢和身体的发育，有利于增强胎宝宝的运动功能的发育。

加强音乐胎教：给胎宝宝一个美好的情绪环境

👑 胎教准备

胎宝宝发育到5个月时，已基本具备听力，可进行更多的音乐胎教。但由于这时胎儿的听觉才建立，对它的功能发展需要保护，所以音乐胎教除了准妈妈听音乐外，准妈妈还可以唱歌，而且后者效果更好。

👑 胎教实施

音乐胎教具体做法为：准妈妈每天可以哼唱几首歌曲，最好选择抒情歌曲或摇篮曲。唱时要轻轻哼，像倾诉一般，充满感情。可以想象一下，胎宝宝正静静听着母亲的歌声，而母亲正对着眼前的小宝宝表达一腔母爱。

♛ 胎教效果

采用这种方法可以在准妈妈体内产生物理性共振，使准妈妈与胎宝宝的心音和谐共鸣，这是当前音乐胎教中最提倡的方法。

胎教温馨小贴士

柔和平缓的音乐：如民族管弦乐曲《春江花月夜》等，这类作品旋律优美细致，音乐柔和平缓，带有诗情画意，能抚平准妈妈烦躁的情绪。

舒筋活血的音乐：如民乐《江南好》《春风得意》等，这类作品甜美轻快、轻松灵秀，能驱散准妈妈郁闷的情绪。

解除忧郁的音乐：如民乐《喜洋洋》和《春天来了》、奥地利作曲家约翰·施特劳斯的圆舞曲《春之声》等，这类作品曲调优美酣畅、起伏跳跃，旋律轻盈优雅，使人联想到翩翩而至的春天，能激发准妈妈喜悦和振奋的情绪。

消除疲劳的音乐：如《假日的海滩》《锦上添花》《水上音乐》等，这类作品清丽柔美、抒情明朗，能让准妈妈解除疲乏，松弛身心。

振奋精神的音乐：如民乐《娱乐升平》《步步高》《金蛇狂舞》等，这类作品曲调激昂，旋律变化较快，能让准妈妈振奋精神，引人向上。

促进食欲的音乐：如民乐《花好月圆》《欢乐舞曲》等，这类作品愉快欢乐，能消除准妈妈情绪上的抑郁，增进食欲。

提高智力的音乐：如海顿的《D大调弦乐四重奏》、贝多芬的《E小调弦乐四重奏》（即《拉索莫夫斯基》）和《降B大调钢琴三重奏》，这类作品旋律优美。能将准妈妈带到一种联想和思索的世界中。

进一步语言胎教：播放磁带或CD，全面刺激胎宝宝的听力和大脑

♛ 胎教准备

为了在训练胎宝宝听力的同时进一步促进胎宝宝的大脑发育，在孕5月时，语言胎教还应进一步进行。语言胎教除了准妈妈继续给胎宝宝讲故事之外，还可放儿童故事磁带或CD给胎宝宝听。

♔ 胎教实施

语言胎教具体做法为：故事磁带或CD尽量选取语言生动、情节有趣、配音丰富的内容，这样才能更加全面地刺激胎宝宝的听力和大脑。

特别要注意的是，准妈妈在给胎儿播放磁带时要切忌将音响放置在距肚皮过近的位置。有研究资料表明，劣质的磁带、嘈杂的音响会损坏胎宝宝的听觉。

♔ 胎教效果

准妈妈在给胎宝宝播放故事磁带或CD的同时，也要用心聆听并进入故事情节中，外在声音和准妈妈内在情绪的共同作用，可以更好地刺激胎宝宝。

胎教温馨小贴士

教胎宝宝说话：医学研究显示，胎宝宝在准妈妈的肚子里会看、会听、会用肌肤感觉很多事物。所以准妈妈要借这个机会教胎宝宝说话，虽然胎宝宝不能开口跟你对话，但这能刺激胎宝宝的大脑发育，直接关系着胎宝宝出生后的语言发育。

从进入孕5月开始，准妈妈可以试着将许多不同语言的发音传递给胎宝宝，先用手轻轻地抚摸着腹部，嘴巴发出a、o、e等元音，深吸一口气尽量将音拉长。该项练习可重复进行1周左右，然后可相应地做些变化，准妈妈用手轻轻地抚摸着腹部，然后发出m-a-、ma，b-a-、ba等音，同样声音拉得越长越好。

饮食胎教：抓紧饮食补充铁、蛋白质和钙质

♔ 胎教准备

妊娠中期，准妈妈的血色素是110～120克/升，到妊娠第8个月时，则往往降至约100克/升。为了保证准妈妈的血色素含量，从妊娠第5个月左右起，就要开始食用含高铁质的食物，这时期的准妈妈每天需要20～30毫克的铁质。

妊娠中期，胎宝宝的生长速度很快，尤其需要大量的蛋白质营养，如果准

妈妈蛋白质摄入量不足，则会影响胎宝宝的生长发育。所以，准妈妈要注意及时补充蛋白质。

准妈妈怀孕5个月后，每天对钙的需要量有所增加，准妈妈补钙最迟不要超过怀孕20周，因为这个阶段是胎宝宝骨骼形成、发育最旺盛的时期。一般来说，孕中期钙的供给量要比孕前期有所增加，每天应摄入1 500毫克钙才能达到平衡。

♛ 胎教效果

为了防治出现贫血，有的准妈妈服用含铁质的药剂，由于铁质的吸收率只有10%~15%，所以，实际上需食用200毫克以上的铁质食物，才能保证准妈妈每天20~30毫克铁质吸收的需要，而且药剂容易引起胃痛、食欲不振、恶心反胃等现象，不如食补。孕妈妈应多吃含铁丰富的菜、蛋和动物肝脏等，以防止发生缺铁性贫血。此外，要保证营养全面，使体重正常增长。

奶、蛋、肉、鱼及乳制品富含动物蛋白，豆类、谷类及部分蔬菜则富含植物蛋白，最好将两类食物搭配食用，如乳制品与蔬菜、谷类与肉类共同食用才能获得全面必需的蛋白质，以满足胎宝宝和准妈妈的需要。

钙是人体内含量最多的无机盐，它不仅是构成骨骼组织的主要矿物质成分，而且在机体各种生理和生物化学过程中起着重要作用。钙是维持神经功能及肌肉伸缩力所必需的，正常人如果缺钙，就可能导致神经肌肉应激性增高而发生小腿抽筋，严重时可使骨骼变得软化，甚至牙齿脱落。如果准妈妈缺钙，就有可能出现钙代谢平衡失调。准妈妈在妊娠中期缺钙，可导致胎宝宝先天性佝偻病；胎儿出生后，很容易发生新生儿先天性喉软骨软化病，导致新生儿喉的入口处易阻塞，这对新生儿健康是十分不利的。此外，准妈妈补钙还可预防妊娠高血压综合征的发生，并防止产后出现腰椎和下肢疼痛，甚至骨质疏松。

只要不是特殊体质，准妈妈平日加强补钙，多吃些含钙丰富的食物，从膳食中是完全可以得到所需的钙量的，准妈妈一般不需要额外增服钙剂等保健品。如果妊娠期准妈妈额外大量补钙，有可能引起高钙血症，甚至导致结石，这对胎宝宝是一种潜在的隐患，应特别引起注意。

👑 胎教营养餐

姬菇牛肉

原料

姬菇35克、牛肉30克、生姜5克、花生油8克、盐4克、蚝油3克、香油1克、水淀粉适量。

做法

姬菇去根洗净，牛肉去筋切片，生姜去皮切片。牛肉片加入适量的盐、水淀粉腌好，静置5分钟。烧锅下花生油，将牛肉片滑炒至八成熟，倒出待用。另烧锅下花生油，待花生油热时，下入姜片、姬菇、少许盐，炒至八成熟，加入牛肉片，调入蚝油，翻炒数次，用水淀粉勾芡，淋入香油即成。

梅子鸡

原料

鸡腿1只，紫苏梅8粒，大蒜10粒，葱末、姜末、辣椒末各适量，花生油、料酒、白糖各1大匙，酱油1.5大匙，梅汁1/4杯，水1杯。

做法

鸡腿洗净，擦干水后剁成块状，大蒜去膜，两者一同放入油锅炸至微黄，盛出，将花生油沥干。锅中加入1大匙花生油，爆香葱末、姜末、辣椒末，再加入鸡腿块、蒜、紫苏梅及所有调味料和水，待汤汁煮沸后，改小火焖煮至汁收干即可。

小竹笋炒鸡丝

原料

小竹笋80克，鸡胸肉50克，红椒1个，生姜、葱各5克，花生油110克（实耗油15克），盐8克，干淀粉和水淀粉各适量，香油1克。

做法

小竹笋切成条，鸡胸肉切丝，红椒去子切丝，生姜去皮切丝，葱切段。鸡肉加少许盐、干淀粉腌好。烧锅下花生油，待油温约90℃时，倒入鸡丝，炒至滑嫩倒出。锅内留花生油，放入姜丝、小竹笋条、红椒丝，加入盐炒至断生，投入鸡丝、葱段，炒透，再用水淀粉勾芡，淋入香油即可。

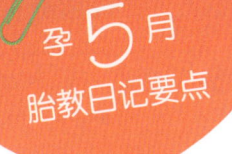

帮助胎宝宝做"体操"

整个孕期对胎宝宝运动能力的训练相当重要，在胎宝宝5个月时尤其要加强对胎宝宝肢体功能的训练。胎宝宝在体内的活动是丰富的，有吞吐羊水、眨眼、咂拇指、握拳头、伸展四肢、转身、翻筋斗等。这时，准妈妈除了靠抚摸、触压等方式来和胎宝宝沟通信息、交流感情外，还应适当地帮助胎宝宝做"体操"。

给胎宝宝"做操"的时机，应选择在胎宝宝精神良好的时候进行。至于什么时间胎宝宝精神状态良好，一般认为是早晚两个阶段，每次时间不要太长，以5～10分钟为宜。

准爸爸也可用手抚摸准妈妈的腹部，帮助胎宝宝"做操"，同时与胎宝宝细语交流，尽早地与未见面的小宝宝建立联系，加深感情。

现代医学研究表明，准妈妈子宫内胎宝宝活动的差异，预示着胎宝宝出生后活动能力的强弱。在正常情况下，进行过运动胎教训练的胎宝宝，出生6个月后，要比其他婴儿的活动能力更强些。

怎样开展运动胎教

　　准妈妈在孕期进行运动也是运动胎教的一个重要内容。准妈妈在孕期的不同阶段可以选择运动量大小不等的运动方式，比如做孕妇操、孕妇瑜伽、户外散步和适度游泳等。

　　适当的运动有益于准妈妈和胎宝宝的健康，但准妈妈在运动前一定要听取医生的意见，要清楚孕期的哪个阶段可以运动，哪些时候根本不能运动，以及哪些是适合准妈妈的运动方式。准妈妈适合做何种运动以及运动量的大小，也都要根据个人的身体状况而定，不能一概而论。

　　在孕期保持积极的锻炼，对胎宝宝的健康和调整准妈妈的情绪、体能和力量都有很大的好处。但是准妈妈要避免参加那些会使自己摔跤或失去平衡的运动，例如骑马、骑车、滑雪或打网球；不要搬重物或进行负重的运动；妊娠20周之后，不要尝试任何特别的运动，如仰卧起坐，这种运动会压迫输送血液到子宫的主要血管。

　　准妈妈在进行自身的运动胎教时，要注意观察自己的心跳频率，保证自己的心率每分钟不能高于140次。

孕中期缓解不适有良策

○ 腰背疼痛不是病

准妈妈在孕中期出现腰背痛是一个很平常的现象，轻者腰酸背痛，重者还伴有腿抽筋、坐骨神经痛等症状。

一般来说，准妈妈在孕中期的腰背痛，多半是因为胎宝宝的迅速成长，导致子宫不断增大、身体重心前移，为了保持身体平衡，准妈妈都会情不自禁地采取昂首挺胸的姿态，因而引起脊柱过度前凸弯曲，背伸肌持续紧张，时间久了腰背部就会过度疲乏，造成腰酸背痛。另外，此时的腰背痛也与准妈妈体内激素水平变化引起韧带松弛有一定的关系。一般来说，这时的腰背痛不是疾病，准妈妈大可不必惊慌失措，只要休息后症状即可减轻。

多休息：对抗腰酸背疼的最好办法是多休息。不能多干粗重的活，像洗衣服、登高拿放东西、提重物等会殃及腰部的活都不要去做；最好每工作1小时放松10分钟左右；每次散步或走路时间要算好，不宜过长，将自己的活动量控制在体力能承受的范围之内，避免长时间站立和步行。

不要长时间弯腰：长时间弯腰也是准妈妈忌讳的动作，如果不得不弯下身子，可以尽量保持上身直立，用慢慢下蹲来代替弯腰。

享受局部按摩：可以让准爸爸在家帮你做腰背的局部按摩操，你可以同时伸开双臂做深呼吸，以减轻症状；另外，也可以用热毛巾、纱布和热水袋做局部热敷，每天半小时的热敷也可以减轻疼痛的感觉。

做产前运动操：遵照医生的指导做产前运动操，也能缓解疼痛的感觉。

补充维生素：在孕中期，由于胎宝宝的快速发育，很容易造成准妈妈缺乏各种营养素，特别是钙、维生素和铁等，这些营养素一旦缺乏就很容易引起腰痛。所以，当腰痛伴有腿抽筋、坐骨神经痛等症状时，准妈妈除了要赶快补钙、维生素B_1外，还要及时看医生，进行治疗调理，以免对胎宝宝造成不利的影响。

○ 不安的瘙痒

有的准妈妈从孕中期开始出现皮肤瘙痒，严重时会出现皮肤、巩膜发黄，影响休息，令人不安，直到分娩后瘙痒的症状才会逐渐消失，这就是妊娠皮肤瘙痒症。

一般认为，这种皮肤瘙痒跟怀孕时高浓度的性激素有关，大量雌激素可损害肝脏的排泄能力而导致肝内胆汁淤积，极少数的人会出现黄疸现象。

妊娠皮肤瘙痒症是准妈妈怀孕期间最常见的皮肤问题。治疗主要为对症治疗，一般遵医嘱口服药治疗，补给脂溶性维生素。

○ 令人烦恼的妊娠纹

绝大多数准妈妈在妊娠中期，乳头、乳晕、腹正中线及阴部皮肤颜色会加深，深浅的程度因人而异。部分准妈妈在怀孕4个月后，脸上还会出现茶褐色斑，分布于鼻梁、双颊，也可见于前额部，呈蝴蝶形，称为妊娠斑，俗称"蝴蝶斑"。

妊娠斑（蝴蝶斑）是由怀孕期间激素分泌改变而造成的。妊娠斑的出现属于妊娠期生理性变化，不必担心，也不需要特殊治疗。正常情况下，产后妊娠斑会慢慢减轻，或在生产后3～6个月内会逐渐消失。

在妊娠的中期，准妈妈的腹部、乳房、大腿等部位比怀孕前明显增大，皮肤过度绷紧，超过了正常的弹性，导致这些部位皮肤弹力纤维断裂，露出了皮下血管的颜色，形成了妊娠纹。妊娠纹呈红色，出现在大腿、腹部或乳房等部位。妊娠纹一般发生在孕中期、孕晚期，是一种生理变化，一旦出现，妊娠纹很少完全消失，而是颜色变浅，成为细的、有银色光泽的条纹，但不损害健康。

避免日光照射：由于日光照射可使妊娠斑加重，因此准妈妈应注意避免日光的长期照射。夏日外出应戴遮阳帽，涂防晒霜（比通常厚一点），避免阳光直射皮肤表层。

注意皮肤保健：沐浴时，坚持用冷水和热水交替冲洗相应部位，促进患部的血液循环，沐浴后在可能发生妊娠纹的部位涂上保护油脂；经常对皮肤进行适当的按摩，增加皮肤的弹性；选择对皮肤刺激少的护肤品，不宜浓妆艳抹。

像对待婴儿那样
对待胎宝宝

胎宝宝能自由地活动了

♛ 胎宝宝生长加快

　　6个月的胎宝宝身长28～34厘米，体重约660克。全身的骨架发育完成，骨骼已相当结实。毛发逐渐增多，但皮下脂肪少，皮肤薄，皱纹很多，全身被奶油样胎脂覆盖。肺部毛细血管增加，骨骼开始造血。开始发挥肾脏功能，可以排尿。大脑皮质的脑细胞达150亿个，身体受制于高级神经系统，其中枢神经系统开始发出复杂的命令，能接受来自神经末梢的各种感受。脑的记忆系统越来越发达，他不仅能记住准妈妈的声音，还可以模糊地感到准妈妈的气息并开始记在脑中。准妈妈羊水量达350毫升以上，羊水腔亦增厚。

♛ 胎宝宝在自由地活动

　　6个月的胎宝宝已成婴儿形，眉毛、睫毛生长。两手仍放在脸部前面，动作活泼。全部手指都能动，不时抚摸脐带、脚、手等部位，手伸至嘴里做探索、吸吮动作。可清楚地看到胎宝宝的脚掌，并不时地移动，非常活泼。开口运动如打哈欠一样，张大着嘴或将手放入口中，舌头也不时地移动。

胎宝宝可以感受到母亲情绪的变化，嗅觉已完备，听觉可反射至中脑，较高度的中枢神经系统已确定并支配全身。胎宝宝这时常常喝羊水、排尿，可自行抑制脑部活动，并自由自在地在胎内活动。

准妈妈的腹部越来越大，情绪有时不稳定

♛ 准妈妈腹部越来越大，腰背有时感到酸痛

6个月的准妈妈腹部膨胀，子宫底提升至肚脐眼左右的高度。胎动逐日明显，体重也明显增加，因此，准妈妈常常全身感到疲倦，腰部、背部感到酸痛，下半身的静脉受压迫，易患痔疮和静脉曲张。这一时期是准妈妈精神上最安定的时期，她能时常感受到胎宝宝的移动，从心理上拉近了与胎宝宝的距离，由此激发出的母爱充满了准妈妈的心灵。

♛ 准妈妈情绪有时不稳定

这个时期，准妈妈的食欲逐渐转好，体重渐渐增加，因而常常感到很疲倦。特别是职业女性，常常工作后回到家里，还要进行胎教，往往对胎教的期望值又过高，所以第二天常感到疲惫不堪，特别容易产生焦虑不安的心理，从而影响情绪。

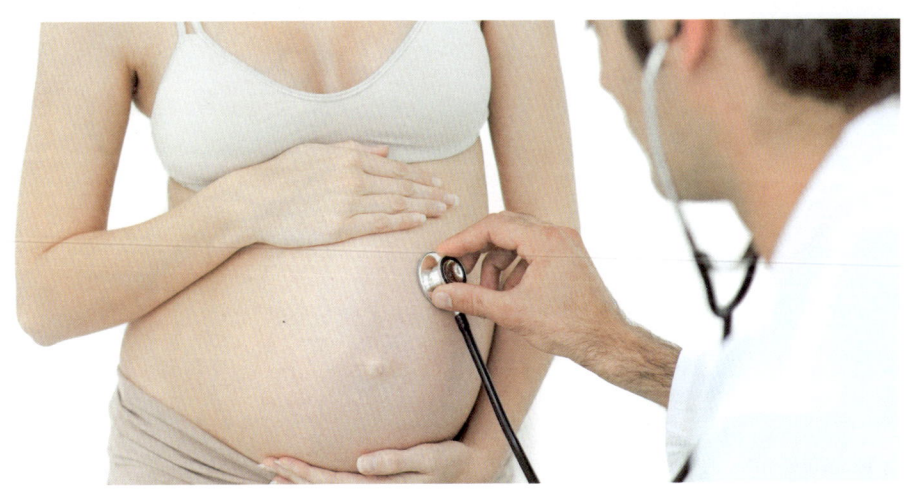

在这种情况下，准妈妈要调整自己的状态，保证充分的睡眠和休息，不要勉强做自己力所不及的事，对胎教的期望值不能超越现实，保持平和心态。千万不能因家务过重和进行胎教而导致体力不支、精神涣散，从而引发食欲不振，影响胎宝宝的发育。

深入开展音乐胎教：胎宝宝"听"音乐，促进早期神经细胞生长

♛ 胎教准备

胎宝宝听觉器官发育到6至6个半月时，其外耳、中耳和内耳的结构基本上已发育完成。许多准妈妈都反映，外界突发的声响会引起胎宝宝突然动起来。近年来，超声波扫描也显示，外界的声波尤其是突发的声响，会引起胎宝宝心率加快及胎动增强。因此，胎宝宝在这个阶段的大脑发育过程中，特别需要音乐这种良性的信号刺激，以促进神经细胞的增长。这一阶段的音乐胎教可采用让胎宝宝自己"听"音乐的方法。

♛ 胎教实施

让胎宝宝直接"欣赏"音乐的具体做法是：准妈妈应取舒适的位置，精神和身体都应放松，精神要集中。将播放器放在距离腹壁2～5厘米处播放胎教音乐，同时不断调换方向，将声音通过准妈妈腹部传给胎宝宝。

每天定时播放几次，要循序渐进。刚开始时，时间可以短一些，以后逐渐增加，但不宜过长，以5～10分钟为宜。音量要适中，不可过大也不宜过小。

♛ 胎教效果

在早晨醒来时，给胎宝宝"听"音乐要选择轻快明亮的乐曲，比如给他"听"克莱德曼的钢琴曲《童年的回忆》，把胎宝宝从抑制状态调节到兴奋状态；晚上入睡前，可给他"听"舒伯特的《小夜曲》等，促使胎宝宝进入甜美的梦乡。

必须强调的是，在进行音乐胎教时，准妈妈应与胎宝宝一起进入到音乐世界里，在胎宝宝听的同时，准妈妈也要主动感受音乐的意境，只有这样，才能达到预期的效果。

胎教温馨小贴士

准妈妈每天都要唱几首歌：准妈妈每天可以哼唱几首歌，要轻轻地哼唱，唱时要心情舒畅，富含感情，如同面对亲爱的宝宝，倾诉一腔柔爱。这时准妈妈可想象宝宝正在聆听你的歌声，从而达到母婴心音的谐振。胎宝宝虽然具有听力，但毕竟只能听不能唱。准妈妈要充分发挥自己的想象，想象腹中的宝宝神奇地张开蓓蕾般的小嘴，跟着音乐和谐地"唱"起来，具体做法可先将音乐的发音或简单的乐谱反复轻唱几次，如Do、Re、Mi、Fa、Sol、La、Ti，每唱一个音符后等几秒钟，让宝宝跟着"学唱"，然后再依次进行。准父母唱歌比录音机、CD机的效果更佳。准父母亲自给宝宝唱歌，是任何形式的音乐都无法取代的。有些准妈妈认为自己没有音乐细胞，不能给宝宝唱歌。其实，只要是带着深深的爱意去唱，对宝宝来说，都是悦耳动听的，所以我们更多地提倡准父母用唱歌的形式来进行音乐胎教。

运动胎教：促进血液循环，刺激胎宝宝适度运动

👑 胎教准备

怀孕期间游泳对准妈妈是很有益处的，能够调节准妈妈神经系统功能，促进血液循环，减少由于紧张而引起的多种情绪的不适，缓和某些孕期综合征，如腰背疼痛、痔疮和下肢浮肿等症状。同时，也可以通过全身适度的运动，促进胎宝宝在子宫内的运动。

👑 胎教实施

准妈妈要选择水质清洁、过滤消毒设备完善、管理好的游泳场馆，以保证游泳时的卫生和安全；要考虑室内温度及通风情况，以防锻炼或休息时准妈妈因环境温度等不适而引起感冒；选择的游泳池的水温不能太凉，太凉的水可

能引起子宫收缩或出现蛋白尿；准妈妈游泳之前必须办理健康证，如患有心脏病、肝炎、皮肤病等疾病的准妈妈要严禁游泳。

准妈妈在下水游泳之前应先淋浴，将身上的汗渍冲洗掉再游泳，这样可以使自己很快适应水温，同时维护池水清洁；在游泳之前要补充一定量的液体食物和营养；运动前不要过饱或过饥，过饱会增加身体负担引起不适，过饥则易发生晕眩；下水前应活动一下身体，以防在水中发生腿脚抽筋，造成不良后果。

♛ 胎教效果

怀孕期间准妈妈的韧带和关节要比平时更加松弛，更加柔软，因此剧烈运动可能会给其造成伤害。应当选择更为柔和的运动方式，游泳就是一项比较柔和的锻炼形式。只要掌握好水温、运动量和游泳方法，准妈妈游泳对身体有很多好处。

胎教温馨小贴士

带着胎宝宝做运动：现阶段，准妈妈由于全身血液循环增加，同时，增大的子宫压迫血管，会出现头晕及下肢水肿等症状，使准妈妈精神困乏、浑身无力、容易疲劳，这时准妈妈会产生"不想动"的心理状态。然而，人的机体功能是动则盛、惰则衰，准妈妈只有通过运动才能吸入新鲜的氧气，排出身体内的废物，用来增强身体的抗病能力，生一个健康的宝宝。适合本阶段的运动方法包括如下几种：

〔快走〕

快走的姿势与散步的姿势相似，但手臂摆动幅度更大一些，步伐也更快一些，心率尽量控制在120～140次/分。快走可以根据个人的体质情况循序渐进，最好是每周坚持20～45分钟。

〔半蹲练习〕

两脚自然分开，膝盖对准脚尖方向，手臂自然下垂放在身体两侧，目视前方。吸气时屈膝半蹲，手臂向前平举，呼气时还原，反复练习10次。下蹲时膝盖和脚掌不要向内侧翻。下蹲过程中臀部不要向后翘起。

饮食胎教：注意补充维生素

♛ 孕中期加强补充维生素

孕中期是胎宝宝迅速生长发育的时期，对叶酸、维生素C以及B族维生素的需要量大大增加，这就要求准妈妈在孕中期摄入营养均衡的食品，加强维生素的补充。多补充维生素C还有利于铁的吸收。

当然，由于每个准妈妈的生活习惯和饮食习惯不同，有的准妈妈通过饮食调理仍达不到孕期维生素的需要量，这就需要在营养师的指导下补充复合维生素制剂。对于准妈妈来说，最好选择专门为孕妇配方的、按孕妇每天国际标准需要量配制的多种维生素。如果准妈妈身体正常、体型偏瘦，建议可以在平衡饮食的基础上每天补充一半推荐量的复合维生素片，这样更为安全一些。

♛ 补充维生素食补方

蔬菜汁

原料

西芹1/2根（约50克）、胡萝卜1/4根（约70克）、凉开水2杯、蜂蜜1大匙。

做法

除蜂蜜外，将所有材料放入果汁机内打碎，取汁，再加入蜂蜜饮用。

特点

富含胡萝卜素、膳食纤维素等营养，适合准妈妈补充维生素食用。

菠菜鱼汤

原料

菠菜250克、鱼肉100克、盐适量。

做法

菠菜洗净，切段；鱼肉洗净切块。把全部材料放入煲内，加适量清水，大火煮沸后，改小火煲1小时。汤成后，放入适量盐调味，即可饮用。

胡萝卜苹果汤

原料

胡萝卜45克、洋葱25克、苹果60克、高汤1.5杯、橄榄油10克、盐5克、黑胡椒粉适量。

做法

胡萝卜去皮、切片，洋葱切丝，苹果去核、切片。锅中放入橄榄油加热，加入的胡萝卜片、洋葱丝、苹果片炒软至香味散出。倒入高汤煮滚，再以小火炖煮约10分钟，以盐和黑胡椒粉调味，即可食用。

特点

富含维生素C、β-胡萝卜素、膳食纤维等营养素，适合准妈妈补充维生素食用。

继续对话和语言胎教：促进胎宝宝情感进一步发育

胎教准备

6个月胎宝宝的听觉功能已完全建立，不仅能听到准妈妈的说话声，还能听到准妈妈胸腔的振动。准妈妈说话时温柔的音调、语气能给胎宝宝良好的刺激；同时，男性的低音比较容易传入子宫，对胎宝宝来说，也是一种良性的声波刺激。因此，这时期的准父母共同参与对话语言胎教，才能起到良好的效果。

胎教实施

我们在前面已提议，让准父母给胎宝宝起一个乳名，这时在对话胎教开始时，准父母就可以用胎宝宝的乳名经常呼唤他，使胎宝宝产生一种刺激性的记忆。

进行对话胎教时，准父母要把胎宝宝当作一个懂事的孩子，经常和他说话、聊天，可以把家庭中的一些生活细节描述给他听，比如妈妈爸爸今天吃了些什么，谈了些什么，心情怎么样，为宝宝做了些什么，对宝宝有什么想法……注意对话的内容不要太复杂，最好在一段时间内反复重复几句话，以使胎宝宝大脑皮层产生深刻的记忆。

　　在对胎宝宝进行对话胎教的同时，可以穿插或交替对胎宝宝进行语言胎教，除了继续给胎宝宝讲故事外，准父母还可放一些外语磁带，自己听的同时也给胎宝宝听，让胎宝宝尽可能早地接收多种语言信息。

♛ 胎教效果

　　坚持进行对话语言胎教，不仅能对胎宝宝的大脑和情感发育具有莫大的好处，也能把准父母的爱传递给胎宝宝，促进胎宝宝的大脑和情感进一步发育。

胎教温馨小贴士

　　准爸爸要对胎宝宝说些什么：准爸爸和宝宝讲话时，准妈妈仰卧或端坐在椅子上，准爸爸把头俯向妻子的腹部，嘴巴离腹壁不能太近也不能太远，以3～5厘米为宜。准爸爸同胎宝宝讲话的内容应是以希望、祝福、要求、关心、健康等内容为主，要切合实际，语句要简练，语调要温和。就寝前，可以由准爸爸通过准妈妈的腹部轻轻地抚摸宝宝，同时可与宝宝交谈，如"爸爸来啦，让爸爸摸摸你的小手、小脚，在哪里呢？""爸爸要走了，再见。"对话时间可以在晚上9点左右，每次讲话时间5～10分钟为宜。

想象音乐的美妙意境

四季——春（维瓦尔第）

这部协奏曲集是意大利作曲家维瓦尔第于1725年发表的一套大型作品《和声与创意的尝试》中的前4首，该大型作品由4首协奏曲组成。作品如同一幅幅富有表现力的风景画，流露出巴洛克音乐的风格特征。特别是小提琴的多种演奏技巧，具有强烈的描绘性特点。

第1乐章 回旋曲，表达春天主题：春天来了，无限欢欣。

第2乐章 比较短，描绘了田园风光。在鲜花盛开的草地上，在轻轻摇曳的草丛中，牧羊人在歌息着，忠实的牧羊犬躺在身旁。音乐优美而恬静。

第3乐章 具有舞曲的特点，伴随着乡间风笛欢快的音乐声，在春天晴朗的天空下，少女们与牧羊人翩翩起舞。

胎教提点：巴洛克音乐非常注重音乐形式上的表现和创造，其低音和音乐的结构特别能让准妈妈在聆听时达到宁静、抒怀、赏心的目的。因此，在欣赏巴洛克音乐的重要代表作曲家维瓦尔第的《四季——春》时，准妈妈可以通过它细腻柔美的音乐语言，足不出户地享受到春季的萌动和勃发，以唤起自己美好的情怀。

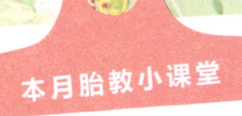

怎样开展对话胎教

　　胎宝宝具有听力已被研究人员证实，胎宝宝在第4个月时就可以在母体中听到妈妈血液的流动声、肠道的蠕动声、心脏的跳动声、骨骼的运动声等。现代医学借助B超可以观察到胎宝宝在母体子宫内的情形：当胎宝宝听到声音时，胎心音会变快；听到汽车的喇叭声时，会出现频繁的胎动。

　　准妈妈体内的各种声音对于胎宝宝的听力刺激意义不大，我们需要把外部世界更精彩的声音传递给胎宝宝，如美妙的鸟鸣声、动人的乐曲声、生动的说话声……因此，对话胎教就是在传达这一综合的美妙声音。对话胎教的内容不限，准父母可以用问候、聊天、朗读、唱歌、讲故事等多种方式与胎宝宝沟通。对话胎教可以从妊娠3～4个月开始，一般选在准妈妈有胎动时；每天定时进行，每次时间在5分钟以内，不要讲太复杂的句子。

坚持家庭监测

● 家庭养胎监测：摸胎位

胎位是指胎儿在子宫中的位置。监测胎位主要是指检查胎头的位置，准妈妈可在医生指导下进行触摸。

在触摸过程中，若感到硬而圆、有浮球感的，则为胎头。正常胎位的胎头总是处于腹部中央、耻骨联合的上方。若在上腹部摸到胎头，则是臀位，若在腹侧部摸到胎头，则是横位。这两种胎位均属不正常胎位，监测时若发现异常胎位应去医院诊治，做胎位矫正。

● 家庭养胎监测：量子宫高

准妈妈排尿后，取仰卧位，两腿屈曲，准爸爸用卷尺测量妻子耻骨联合上沿至子宫底的距离。

自怀孕20周开始，每周测量1次，一般每周增加1厘米为正常。到怀孕36周时，由于胎头入盆，宫底上升速度减慢或略有下降。宫底升高的速度，反映了胎宝宝生长和羊水等情况，如有过快或过慢的情况，应当请医生检查。

● 孕中期阴道炎要治疗

孕中期，由于胎宝宝逐渐长大，压迫盆腔，往往会使准妈妈盆腔充血，再加上体内激素改变、新陈代谢旺盛，阴道常有较多的水样分泌物浸渍、刺激外阴皮肤黏膜，引起炎症，表现为外阴皮肤黏膜潮红，有烧灼或刺痒感，排尿时有灼痛，有的甚至可形成糜烂、溃疡及皮肤增厚，呈苔藓化，严重的还可引起阴道炎。

单纯外阴炎可用1∶5 000高锰酸钾溶液坐浴，局部可用栓剂或配合口服药等。

真菌性阴道炎及其防治

此外，妊娠期尿糖含量增高，如果并发糖尿病，尿糖会更高。尿糖的增高会使真菌迅速繁殖，所以准妈妈特别容易患真菌性阴道炎。患了真菌性阴道炎，会感觉外阴和阴道瘙痒、灼痛，排尿时疼痛加重，伴有尿急、尿频。过性生活时，也会感到疼痛、不舒服。此外还表现为白带增多、黏稠，呈白色豆渣样或凝乳样，有时稀薄，含有白色片状物。

治疗妊娠期真菌性阴道炎时，选择正确的药物和用药方法很重要，最好采用制霉菌素栓剂和霜剂进行局部治疗。另外请注意，真菌性阴道炎可通过性生活感染，所以治疗期间应避免性生活，而且夫妇应同时治疗。治疗结束后，在临产前需要再治疗1个疗程，以防胎宝宝娩出时，产道的真菌侵袭胎宝宝。

滴虫性阴道炎及其防治

滴虫性阴道炎是由阴道毛滴虫引起的一种常见的阴道炎。有3%~15%的正常妇女阴道有滴虫，它们长期寄生于尿道、尿道旁腺、膀胱或肾盂，但并不都引发阴道炎。妊娠后由于阴道酸碱度改变，滴虫繁殖快，炎症逐渐加重，临床表现会明显。

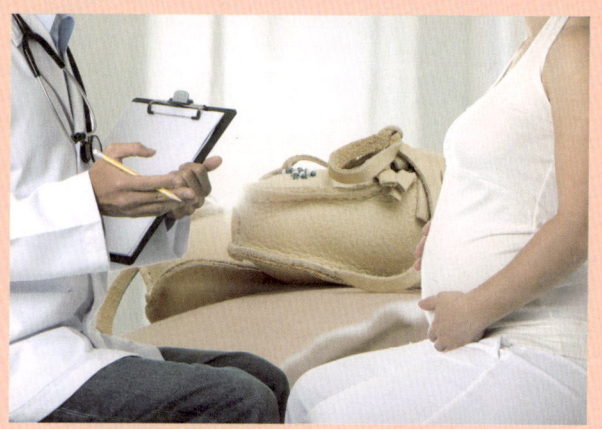

准妈妈患了妊娠期滴虫性阴道炎会感觉白带增多，呈黄绿色或灰黄色，伴有臭味，严重者白带混有血液。由于炎症和分泌物刺激，出现外阴瘙痒、灼热、疼痛及性交痛。炎症侵及尿道，可出现尿频、尿急、尿痛及尿血等尿道刺激症状。如果妇科医生检查可见阴道及宫颈黏膜红肿，阴道分泌物中可查出滴虫。

为防治妊娠期滴虫性阴道炎，准妈妈在妊娠前进行妇科病普查时，如发现滴虫应积极治疗。若已患上妊娠期滴虫性阴道炎，可用阴道栓剂，每晚睡前清洗外阴后，置入阴道深处1枚，12天为1个疗程。治疗期间，为防止重复感染，内裤和洗涤用的毛巾、浴巾应煮沸5~10分钟，以彻底消灭病原菌。同时，尽量不要使用公共浴池、浴盆、游泳池、坐厕等，减少间接传染。

胎宝宝和准妈妈的甜蜜交流

胎宝宝身体完成了基本的构造

♛ 胎宝宝相貌像个小老头

第7个月，胎宝宝的身长为35～38厘米，体重约为1 000克。这时的胎宝宝皮肤形成皮下脂肪，但皱纹较多，相貌像个老人似的。这时，胎宝宝的身体已完成基本构造，功能尚未完全发挥作用，耳朵、眼睛、皮肤的末梢神经感觉逐渐发达，可以做出神经反射动作；大脑皱褶增多，间脑亦发挥功能；眼睑的分界清楚出现，眼睛能睁开了；开始具有视物能力，但子宫中一片漆黑，胎宝宝什么也看不见；扩充肺泡物质仍不足，使得肺泡仍不完全扩充，气管和肺部还不发达，如在这个时期产出，将被视为早产儿。尽管胎宝宝有浅浅的呼吸和哭泣，但较难存活，需要精心护理。此时外生殖器的发育，男宝宝的睾丸还没有降下来，但女宝宝的小阴唇、阴核已清楚地突起。

♛ 胎宝宝情绪会变化

这时期，胎宝宝能对外部声音分辨出好恶；胎宝宝味觉相当发达，可以分辨出甜味和苦味；胎宝宝可以用脑部感觉到外部光线明暗的变化。因此，如果准妈妈在妊娠期间昼夜生活杂乱无章，那么胎宝宝体内的生物钟就会发生紊乱，胎宝宝出生后情绪就会变得不稳定。

准妈妈出现浮肿了，有点劳神

♛ 准妈妈有点浮肿了

怀孕7个月时，准妈妈的子宫升至肚脐上方2～3厘米的位置，腹部亦稍增大。由于子宫增大而重心在腹部，会造成背部骨骼的压力，准妈妈会有腰痛的感觉。此外，子宫压迫静脉，还会使下肢、腹部发生浮肿现象，严重的会使外阴部、下肢产生静脉瘤。

在这个月当中，由于准妈妈体重明显增加，还可能出现贫血现象。由于激素分泌的缘故，准妈妈全身的韧带或骨骼的结合部分变得松软，会使脚跟部位常感到疼痛，手部难以握合，手脚开始产生麻木现象。因此，准妈妈应避免长时间采取直立式的姿势，避免走路过急。

♛ 为宝宝的到来准备着，有些劳神

到了妊娠中期，准妈妈的身体、情绪一般都会很好，期待肚子里的宝宝出生后就有良好的物质准备是每一个母亲对孩子表现出的最大爱心，所以，有些准妈妈把为即将出生的孩子准备东西当成自己最大的乐趣和工作。这种想法是好的，但是我们要提醒准妈妈注意，如果不能很好地调整自己过急的心理状态，整日忙个不停，甚至连孩子2岁内所用的东西都准备好了，不仅准妈妈自己得不到良好的休息，对胎宝宝生长也不利。

这时期的准妈妈要努力调整心态，不要太劳神。除注意休息以外，准妈妈还不能长时间坐着编织毛衣，以免压迫胎宝宝，使血液流动不畅，进而影响胎宝宝的供氧。为新生儿准备必要的用品也可由丈夫及家人代劳。准妈妈不要经常去人多的商场，因为那里的空气不好，病原体多，容易被感染或受到碰撞。

运动胎教：学习孕妇操，促进胎宝宝大脑及肌肉发育

♛ 胎教准备

对于孕中期的准妈妈来说，最适宜的运动胎教就是由孕产专家编制的孕妇体操。孕妇体操能松弛孕妇的腰部、骨盆的肌肉和韧带，对婴儿将来顺利通过产道分娩、减少会阴肌肉撕裂有很大的帮助，还能预防孕妇由于身体变化和体重增加而引发的腰腿病。准妈妈在做孕妇操的同时，还能促进胎宝宝大脑及肌肉的健康发育。

♛ 胎教实施

脚部运动：坐在床沿或椅子上，两脚靠拢，平放在地面上。脚尖用力向上跷，呼吸1次后放松，恢复原状，反复进行；也可以将一条腿搭在另一条腿上，脚尖上下活动，一定次数后，再换另一只脚进行。

脚部运动每次持续3～5分钟，它的作用在于通过脚部的活动，增强脚部肌肉的力量和弹性，促进关节血液循环，防止脚部因负重而产生疲劳。

伸展骨盆运动：盘腿坐在硬板床上，双手放在膝盖上，背部挺直，每呼吸1次，双手用力将膝盖压至床面，加压时要一点点用力，尽量让膝盖接近床面。

骨盆运动每天早、中、晚可各做1次，每次持续3～5分钟。它的作用在于松弛孕妇骨盆各关节，伸展骨盆肌肉和韧带，有利于分娩时胎儿顺利通过骨盆。

扭动骨盆运动：仰卧在床上，双膝并拢收紧，用双膝带动大小腿向两侧外展及内收；也可以一条腿伸直，另一条腿内外摆动，换另一条腿交替进行。

每天早、晚各做5～10次，它的作用在于锻炼骨盆关节和腰部肌肉，增加其弹性，减少由于负重和重心的改变而引起的腰腿疼痛。

振动骨盆运动：仰卧在床上，两腿稍稍弯曲，与床成45°角，手心和脚心平放在床面上，将腹部挺起，挺一会儿再放下。

每次反复做8～10遍。这种运动的作用在于松弛孕妇骨盆和腰部关节，增加腹部力量，有利于准妈妈分娩时向腹部施压。

准妈妈在做体操时，要按照动作要领轻柔适度地去做并每天坚持。

♛ 胎教效果

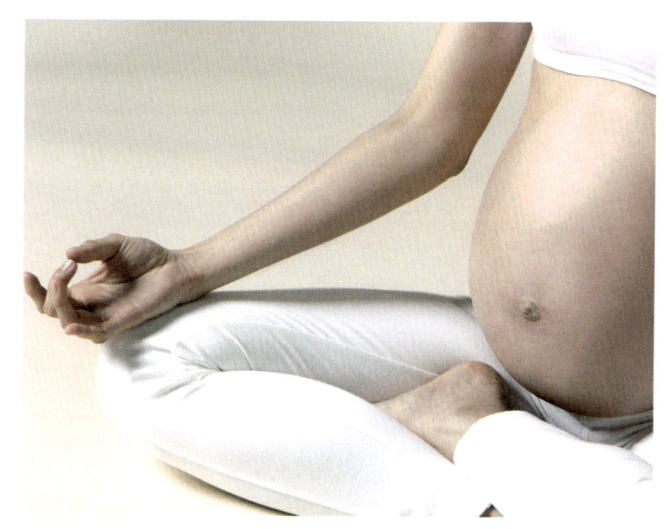

做孕妇体操可以增强准妈妈腹肌、腰背肌和盆底肌的张力和弹性，使其关节、韧带松弛柔软，有利于准妈妈正常妊娠及顺利分娩；同时刺激内分泌腺，加速血液循环，促进胎宝宝大脑和肌肉的健康发育。此外，还可以解除准妈妈的疲劳和不适，使其心情舒畅。

但要注意的是，孕妇体操一般要根据准妈妈个人的体力情况和妊娠月份酌情增减运动强度，以不觉得太疲劳又达到锻炼目的为度，在睡前和早起后做比较好，以个人的需要和舒适度为准。

当然，准妈妈无论有没有运动的经验和习惯，最好都在运动开始前向医生请教一下，积极听取医生的建议。但如果准妈妈属于以下几种情况，则不宜参加运动。

有早产或反复流产史者：运动会加重流产和早产的发生率，因此，有该病史的准妈妈不宜参加运动。

妊娠初期高血压患者：因为运动可使血压升高，如不及时控制血压，很容易发展成严重的妊娠高血压综合征、先兆子痫，危及母婴生命。

多胎妊娠者：多胎妊娠的准妈妈负担很重，而且她们患高血压、贫血等妊娠并发症的风险比单胎妊娠更大，所以不宜参加运动。

阴道出血者：阴道出血是流产、早产的症状，这时为确保胎宝宝安全度过危险期，准妈妈不宜参加运动。

确诊的心脏病患者：为避免增加心脏带病工作的负担，此类准妈妈不宜参加运动。

先兆子痫患者：患有先兆子痫的准妈妈，做孕妇体操会引发和加重病情，所以不宜做孕妇体操。

加强对话胎教：刺激胎宝宝的记忆形成

👑 胎教准备

记忆训练是根据胎宝宝具有辨别各种声音并能做出相应反应的能力，而让准父母通过对话胎教对胎宝宝进行记忆训练。在这时期，胎宝宝大脑皱褶增多，间脑亦发挥功能，开始衍生出原始的情感，情绪开始出现变化。因此，继续对胎宝宝实施对话胎教，可以帮助胎宝宝建立起记忆。

👑 胎教实施

对话胎教可根据胎宝宝大脑发育的情况，给胎宝宝讲些较长的句子；或与胎宝宝讲些"悄悄话"，即在给胎宝宝听音乐时，准父母和着乐声悄悄对胎宝宝说话，可描述音乐的画面，也可描述生活的场景。甚至可以朗读一些温馨有趣的故事，教导一些大自然的事物和社会知识。同时，当准父母在进行"子宫对话"时，教导不同的事物最好能用不同的声音语调来说明，准父母的用心，腹中胎宝宝可是能感受到的喔!

👑 胎教效果

7个月的胎宝宝已经能分辨出外部声音的好恶，如果让胎宝宝直接听美妙的音乐，胎宝宝心跳加速，身体开始活动。这时和着音乐进行对话胎教，会进一步刺激胎宝宝的情绪，有助于刺激胎宝宝记忆的形成。

胎教温馨小贴士

培养胎宝宝听语言的能力：有些准妈妈会产生这样的疑问："孩子那么小，我该给他说点什么呢？"实际上，对话胎教并不是要胎宝宝对你说话，而是要培养胎宝宝"听"的意识和能力，让胎宝宝对语言有所感觉。如在孕中期和孕后期，准妈妈一般都会感觉到明显的胎动，这时可通过描述胎宝宝的形象和动作训练胎宝宝的听力，比如说："这是宝宝的小拳头吗？昨天向左边伸，今天向右边伸，左三拳，右三拳，看来比你爸爸喜欢锻炼。"

准爸爸也可以选一首浅显的古诗、一首明快的儿歌，一段动人的童话讲述给胎宝宝听。一般来说，胎动在晚上进行得比较多，这时，准妈妈可以对胎宝宝说："宝宝，你看，满天的星斗多美啊！"准妈妈丰富、生动的语言，承载着浓浓的爱意，容易唤起胎宝宝对外界的好奇心，对胎宝宝的智力发展起到积极的促进作用。

加强游戏胎教：训练胎宝宝触觉进一步发展

👑 胎教准备

美国育儿专家凡德卡教授提出了一种"胎儿体操与踢肚游戏"胎教法，就是希望通过准妈妈与胎宝宝进行游戏达到胎教的目的。

👑 胎教实施

具体方法是：在准妈妈怀孕5～6个月能感受到胎宝宝形体的时候，即可对胎宝宝进行推晃式训练，轻轻推动胎宝宝，使胎宝宝在母腹中"踢腿""荡秋千"。

👑 胎教效果

游戏胎教可结合运动胎教实施，边运动边游戏，不同的运动方式可以带给7个月的胎宝宝多种多样的刺激，以训练胎宝宝的触觉进一步发展。

胎教温馨小贴士

与胎宝宝玩匍匐爬行游戏：这时期胎宝宝活动较频繁，会在你肚子里又踢又打，有时还会翻身。你可以利用每一次的胎动，与胎宝宝玩匍匐爬行游戏。把冬天盖的棉被拿出来，折成豆腐状放在地板上或床上，趴下以棉被支撑胸部，但要注意棉被高度必须以腹部不被挤压为限，爬行时，准妈妈要告诉胎宝宝："宝宝做好准备，我们要出发了。"

加强语言胎教：促进胎宝宝思维的深入发育

♛ 胎教准备

　　7个月的胎宝宝耳朵、眼睛、皮肤的末梢神经感觉逐渐发达，大脑也有了一定的功能，所以加强对胎宝宝的语言胎教，可以促进胎宝宝思维的深入发育。

　　由于男性的声音低沉浑厚，所以胎宝宝特别喜欢准爸爸的声音，因此，我们建议准爸爸要多多参与到胎宝宝后期的语言胎教中，这也是准爸爸可以运用的最主要的训练方法，这样不仅能让准爸爸更多地参与胎教，还能增进夫妻之爱、父子之情。

♛ 胎教实施

　　准父母可以用问候、聊天、朗读、唱歌、讲故事等方式与胎宝宝沟通；准父母可以向胎宝宝重复一些简单的字，如手、脚、水、奶、尿、天、地等；此外，还可以用诱导性的语言向胎宝宝描述一些事物。7个月的胎宝宝有明显的听觉和感受能力，不仅能对准父母的言行做出一定的反应，还能在脑子里形成记忆。给腹中的胎宝宝进行语言胎教，就是要使胎宝宝不断接受语言的信息，训练胎宝宝在空白的大脑上增加语言的"音符"。准父母不仅可以和胎宝宝说话、唱歌，准爸爸也可以隔着准妈妈的腹壁给胎宝宝讲故事。

♛ 胎教效果

　　准父母用优美的语言和胎宝宝对话，反复进行，可以促进胎宝宝大脑的发育。准父母通过语言把胎宝宝身外的世界描述给他听，激发胎宝宝的良好情绪，培养他的美感，发掘胎宝宝身上潜在的能力，为胎宝宝出生后学说话打下基础，使胎宝宝出生后在听力、记忆力、观察力、思维能力和语言表达能力方面都大大超过未受语言胎教训练的孩子。

胎教温馨小贴士

　　教胎宝宝学习语言文字：在这个月，宝宝越来越大，几乎要碰到子宫壁了。由于胎宝宝变大，母体腹壁变得较薄，所以宝宝可以听到外界的各种声音，此时对话胎教的内容可以变得广一些，不仅是和胎宝宝说话，还可以教宝宝学习语言和文字等。

准父母可以利用彩色卡片教宝宝学习语言和文字。首先从汉语拼音a、o、e、i、u、ü开始，每天教4～5个。如果准父母想发掘宝宝的外语天赋，也可教宝宝26个英文字母，先教单个字母，然后教简单的单词。怎么教呢？如教"a"这个汉语拼音时，一边反复地发好这个音，一边用手指写它的笔画。这时最重要的是能通过视觉将"a"的形状和颜色深深地印在脑海里。因为这样一来你发出的"a"这一字母信息，就会以最佳状态传递给宝宝，从而有利于宝宝用脑去理解并记住它。汉语拼音韵母教完后，可以接着教声母和简单的汉字，如"大""小""天""儿"等，在教胎宝宝学习时，母亲要用真挚的感情，要有耐心，切忌急躁，敷衍了事。

加强饮食胎教：准妈妈继续补充各种营养素

♔ 胎教准备

锌是人体必需的微量元素，它直接参与人体的细胞生物代谢，锌在生命活动过程中起着转运物质和交换能量的作用，对促进胎宝宝的生长发育十分重要。

碘是人体各个时期所必需的微量元素之一，它是人体甲状腺激素的主要构成成分，能影响大脑皮质和交感神经的兴奋。它直接影响胎宝宝的生长发育，因此，补碘对准妈妈来说就显得尤为重要。

卫生部制定的碘营养摄入标准为成人每天不少于150微克，准妈妈每天摄入量不少于200微克，儿童不少于90微克。一般认为，准妈妈不少于300微克比较可靠。由于碘在身体中的含量过高也会产生副反应，所以准妈妈必须在医生的指导下，采用正确剂量进行适宜补充，以确保胎宝宝身体与智力的同步发育。

这个时期，准妈妈还常常有贫血现象出现。据统计，约25%的准妈妈在怀孕期间出现不同程度的贫血，主要为缺铁性贫血。贫血对母胎健康很不利，容易导致准妈妈患上妊娠高血压综合征，还能造成胎宝宝官内慢性缺氧。所以，适时地补铁对胎宝宝的健康发育意义重大。

♛ 胎教实施

这时，准妈妈的膳食中要增加营养价值高的蛋白质，如禽、鱼、蛋、瘦肉等，每天增加150～200克；每天粮谷类食品仍需摄入400～450克；每周食用两次动物肝脏和动物血；牛奶或豆浆每天增加到440毫升。此外，准妈妈的饮食仍然每天要荤素、粗细搭配，防止由于子宫逐步膨大压迫肠道而引起的便秘。

锌完全由食物提供，因此，补锌的最佳途径是食补。准妈妈在日常饮食中一定要注意多吃富含锌元素的食物，如牡蛎、紫菜、虾皮、牛肉、猪肉、羊肉、动物肝脏、蛋黄、豆类、芝麻酱、苹果、香蕉、卷心菜等。

人体的碘80%～90%来源于食物，所以补充碘这类物质必须从食物或其他补充剂中摄取。含碘量最丰富的食品为海产品，如海带、紫菜、海参、干贝、龙虾、海鱼等。食用时应注意烹调方式，避免碘流失。此外，碘盐的摄入是补碘的又一重要途径。

治疗贫血主要是加强营养，多吃一些瘦肉、动物肝、鸡蛋、动物血、黑木耳、紫菜、海带、豆制品等含铁较丰富的食物；对于严重贫血的准妈妈还可进行药物治疗，药物治疗主要是服用补充铁剂，以口服为宜。补铁药物有硫酸亚铁、维血康、叶酸、维生素C等。若口服铁剂后胃肠反应严重，或贫血严重的准妈妈需要迅速补充铁剂纠正时，可在医生的指导下注射含铁制剂。

♛ 胎教营养餐

补锌食疗方：桂圆猪心

原料

桂圆肉20克，猪心1个，姜、胡椒、料酒、盐各适量。

做法

将猪心剖开，去掉脂肪、筋膜，再将桂圆肉洗净，姜切片。将猪心焯水、过凉，然后加入桂圆肉、姜片及适量水。转小火煮，加入胡椒、料酒、盐调味即成。

特点

桂圆猪心能为准妈妈补充丰富的锌，还能养血补气、健脾开胃。

补碘食疗方：醋拌蜇皮

原料

水发海蜇皮400克，油菜50克，大蒜10克，醋、盐、香油各适量。

做法

海蜇皮洗净。大蒜、油菜、海蜇皮均切成丝。海蜇皮丝用热水淋烫后立即用冷开水冲，然后放入容器内，加入蒜丝、油菜丝拌匀。加入醋及其他调料拌匀即成。

特点

海蜇营养丰富，可为孕妇补充丰富的蛋白质、锌、碘、铁等，是孕妇补充碘和多种营养素的佳肴，适宜于准妈妈在妊娠中期作为补碘食物食用。

胎教效果

准妈妈在孕中期及时补锌有助于增加子宫的收缩力，减少分娩痛苦和出血量，这样做既利于分娩又有助于产后康复。如果孕妇血锌水平正常，子宫收缩有力；反之，则子宫收缩无力，影响正常分娩。因此，准妈妈在孕晚期加强补锌，使体内有一定量的锌贮备，可以保证胎宝宝的正常发育，也有利于顺利分娩和产后康复。

准妈妈适时补碘有助于胎宝宝大脑的正常发育，并且适时补碘还为母乳的含碘量提供了保证。如果准妈妈碘摄入不足，将直接限制甲状腺激素的分泌，影响胎宝宝的中枢神经系统，尤其是大脑的发育。严重碘缺乏的准妈妈，还可能引起胎宝宝发育不良，宝宝出生后智力低下、呆傻等，产生不可逆转的损害。

准妈妈加强补铁不仅能避免缺铁性贫血，还能减少妊娠高血压综合征的发生，并确保胎宝宝在宫内的氧气充足。

在怀孕的中期，准妈妈应适当限制脂肪、甜食和多糖水果的摄入，减少米、面等主食的摄入量，以免营养过剩，使胎宝宝长得过大。还要注意控制盐分和水分的摄入量，以免引起下肢浮肿，导致妊娠中毒症。

科学使用胎教传声器

胎教传声筒在第7个月时使用

胎教传声器只能在胎宝宝听觉系统发育到较成熟的第7个月时使用。

方法是：将传声器（或耳机）放于准妈妈的下腹部周围，靠近胎宝宝头部。注意：千万不能放在准妈妈的肚子上，母婴同步听，也可以父母婴同听。

每天1~2次，时间不宜过长，一般不超过10分钟。

胎教传声器的声强一般在60分贝左右，它以轻松活泼的乐声来激发胎宝宝对声波的良好反应，这种有利的刺激能促使胎宝宝身心的健康发展。

给胎宝宝听的胎教音乐要以C调为主，基调轻松、活泼、明快，这样才能较好地激发胎宝宝的情绪和反应。优美抒情的中国传统乐曲、西欧古典乐曲，尤其是巴洛克音乐、圆舞曲及摇篮曲等，对胎宝宝的身心健康都是非常有益的。

胎教传声器不能损伤胎宝宝听力

尽量降低磁带的噪声，保持胎教传声器距腹部有一段距离，千万不能贴在准妈妈腹部上。注意以下几点：

最好请专业人员帮助选择磁带，以确保磁带的质量；

每次听的时间不宜过长；

给胎宝宝听音乐时一定要在胎宝宝清醒的情况下，即有胎动时；或轻轻推动腹部，使胎宝宝醒来后再进行。

怎样开展游戏胎教

　　科学家发现，胎宝宝在母体内有很强的感知能力，通过超声波检查仪的荧屏，可观察到胎宝宝在母体内的活动情况：胎宝宝醒来时，伸了一个懒腰，打了一个哈欠，又调皮地用脚蹬了一下妈妈的肚子……不一会儿，胎宝宝的手碰到了漂浮在他身旁的脐带，他马上就伸手抓过来玩弄起来，还不时把它送入嘴中。科学家据此认定，胎宝宝完全有感知能力，能在准父母的训练下进行游戏活动。

　　准父母对胎宝宝进行游戏胎教的具体方法是：当胎宝宝踢准妈妈肚子时，准妈妈可轻轻拍打被胎宝宝踢的部位，然后等待胎宝宝第二次踢肚；一般在1～2分钟后，胎宝宝就会再次踢准妈妈的腹部。这时，感受到胎宝宝踢踏后的准妈妈再轻拍几下，然后停下来。

　　在拍打时，准妈妈可不时换换拍打的部位，胎宝宝就会向准妈妈改变的部位踢去。每次进行10分钟左右，每天1～2次，注意拍打的位置不要离胎宝宝踢肚的位置太远。

　　这里需要说明的是，准妈妈怀孕后的最初3个月、临近产期及早期宫缩者不宜进行游戏胎教，训练时手法要轻柔。

不要忽视孕中期的健康检查

进行孕中期健康检查

主要检查项目如下：

常规检查

每次体格检查测量血压、体重、宫高、腹围、胎心率，并注意检查胎位，如发现异常，必须及时纠正。

复查血液、尿液

复查血常规及时发现妊娠并发贫血，复查尿常规及时筛查妊娠高血压综合征。

针对胎宝宝的检查

记录胎动次数，建议定期做胎心监护。产前复查B超，观察胎宝宝生长发育情况、胎盘位置及成熟度、羊水情况等。

特殊情况下的检查

血型为Rh阴性的孕妇，其丈夫为Rh阳性时，应进行新生儿溶血症检查；做空腹的尿糖检查；定期检查尿蛋白等。

警惕妊娠高血压综合征

什么人易患妊娠高血压综合征

妊娠高血压综合征，是妊娠期女性所特有而又常见的疾病，以高血压、水肿、蛋白尿、抽搐、昏迷、心肾功能衰竭，甚至发生母胎死亡为临床特点。妊娠高血压综合征按严重程度分为轻度、中度和重度，重度妊娠高血压综合征又称先兆子痫和子痫，子痫即在高血压基础上有抽搐。

容易患妊娠高血压综合征的准妈妈一般有以下几类人：年轻初产准妈妈及高龄准妈妈；营养不良，特别是伴有严重贫血的准妈妈；患有原发性高血压、慢性肾炎、糖尿病并发妊娠者；双胎、羊水过多及葡萄胎准妈妈；有家族疾病史，如准妈妈的母亲有妊高征病史者；体型矮胖者。

预防妊娠高血压综合征

加强孕期营养及休息：准妈妈在妊娠中、晚期时要加强营养，尤其是蛋白质、多种维生素、铁剂的补充，减少动物脂肪和盐的摄入，这对妊娠高血压综合征有一定的预防作用。如果准妈妈体内营养缺乏、患低蛋白血症或严重贫血，其妊娠高血压综合征发生率就会增高；还要保证充足的睡眠和休息，一般取左侧卧位，休息不少于10小时。

重视实行产前检查：准妈妈一定要做好孕期保健工作，积极进行产前检查。要做到妊娠早期测量1次血压，作为孕期的基础血压，以后定期检查；尤其是在妊娠36周以后，应每周观察血压及体重的变化、有无蛋白尿及头晕等自觉症状；定期监测血液、胎宝宝发育状况和胎盘功能。

重视诱发因素：如果准妈妈的外祖母、母亲曾经有人患过妊娠高血压综合征，就要考虑遗传因素了；如果准妈妈孕前患过原发性高血压、慢性肾炎及糖尿病等，均容易发生妊娠高血压综合征。

妊娠高血压综合征准妈妈的饮食

准妈妈如果患上了妊娠高血压综合征，在饮食上一定要注意搭配原则，注意"三多三少"。

多吃新鲜蔬菜：新鲜蔬菜能提供多种营养素，营养成分保持良好。

多补钙：钙不仅能促进胎宝宝的成长，还能预防妊娠高血压综合征的发生。准妈妈可多吃豆类、牛奶、海带、黑芝麻等食品。

多补硒：妊娠时胎宝宝及胎盘生长需较多硒，母体通过主动转运方式向胎宝宝输送硒，患有妊娠高血压综合征的准妈妈随妊娠进展，体内缺硒并随病情进展而加重，因此，准妈妈可摄取富含硒元素的食物，如动物肝、瘦肉、谷麦类食品等。

少吃腌制品：腌制食物如咸鱼、咸肉、咸菜等都不要吃；刺激性较强的调料也不要吃，如辣椒、芥末等。

少吃高脂食物：尽量少吃油炸食品和奶制品，以免加重病情。

少喝碳酸饮料：各种含添加剂的碳酸饮料、果汁饮料，以及含咖啡因的饮品，最好都不要饮用。

MOTHER
&
BABY

PART

05

孕晚期（孕8~10个月）：
宝贝将到，抓住胎教关键期

到了"负重"的孕晚期，

准妈妈除了兴奋期待之外，

也别忘了抓住最后的胎教时刻。

准妈妈要对胎宝宝进行全方位的胎教，

全面开启胎宝宝的心智，

促使胎宝宝在孕晚期能够身心全面发育……

孕8月

迎接胎教的
"尖峰时刻"

胎宝宝在迅速成长

♕ 胎位基本固定了

这个月胎宝宝的身长已至38～41厘米，体重1 100～1 700克。胎宝宝的颜面已长得相当结实，肺等内脏器官以及脑、神经系统都发育到一定程度。呼吸运动还不规则，肺囊亦未充分扩展开来，羊水量不再像以前那样增加了，迅速成长的胎宝宝身体紧靠着子宫。一直自由转动的胎宝宝，到了这个时期，位置也固定了，由于头部较重，一般头部自然朝下。在怀孕25～26周时，约有50%的胎宝宝胎位不正（胎宝宝的头在上面、脚在下面），但是不用紧张，有些胎宝宝会用自己的脚去踢子宫壁，在羊水中慢慢地掉头，变成头部在下、臀部在上。过了孕30周以后，大约有90%的胎宝宝的胎位是正常的。

♕ 胎宝宝会做出反应了

胎宝宝的听觉在这一时期已经基本发育成熟，在准妈妈日常生活中所产生的各种声音逐渐传至胎宝宝脑部。胎宝宝听到声音时，胎动会有抑制的倾向，心跳也会变化。通常，根据准妈妈的感情变化，胎宝宝的反应分为心跳没有变化（抑制型）和心跳有变化（反应型）两种。所以，准妈妈温柔地说话非常重要，如果胎宝宝听到很大的声音或语气严厉的声音，胎动就会出现紊乱，胎宝宝会感到不愉快，血压就会剧烈波动，容易造成贫血。

第8个月的胎宝宝已经会打呵欠了，而且也会出现想睡的眼神和表情。眼皮似睁似闭，头部左右摆动，有时吸吮手腕、手指，尤其是当准妈妈饿了时，他们吸得更起劲，嘴巴张得大大的，好像在需求什么似的。第9个月时，胎宝宝的眼睛开始对光线有所反应，而且会从瞳孔中反射出来。胎宝宝的味觉更加发达，从30周左右开始，胎宝宝已能记住甜味和苦味。

准妈妈腹部妊娠纹加深了，开始心存焦虑

♛ 准妈妈腹部妊娠纹加深

准妈妈的子宫底从肚脐到心窝中间逐渐变大，下腹部的皮肤浮现出宛如割线般的妊娠纹。此时，胎宝宝的动作通常配合准妈妈的生活节奏，当准妈妈剧烈动作时，胎宝宝会一动也不动，而在准妈妈就寝或休息时，胎宝宝会活泼地运动起来。

对准妈妈而言，从怀孕第8个月开始，负担开始变重。在日常生活中会变得行动不便，很容易疲倦，有时腰会疼，有时脚跟刺痛，小腿肚也常会出现抽筋现象。由于子宫压迫到下肢大静脉，准妈妈睡觉的时候如果仍采取平躺的姿势，会发生仰卧位低血压现象，也就是血压下降、胸口发闷、冒冷汗。这个时期也是准妈妈最容易产生浮肿、贫血、高血压、糖尿病、蛋白尿、异常出血等现象的时期，所以准妈妈特别要多加防范。

♛ 充满期待，又心存焦虑

怀孕到了第8个月，准妈妈身体不便，行动受到限制，这时还要坚持胎教，而且还不能接收到胎宝宝的反馈信息，准妈妈心中自然会产生怀疑，严重者甚至不再坚持胎教了。

由于离生产的日期越来越近，准妈妈对分娩既充满期待，又心存焦虑；既希望早日和自己的小宝贝见面，又担心分娩中会出现异常情况。特别是现在的孕妇大多为初产妇，这种心理较为普遍。为了缓解这种心理，一方面，家人要更加关心、体贴准妈妈，鼓励她树立信心，消除她对分娩的恐惧心理，以最佳的状态迎接宝宝的诞生；另一方面，可多向医生了解一些分娩的知识和常识，用科学知识来打消准妈妈心头的疑虑。

开展联想胎教：促进胎宝宝形成意识的萌动

♛ 胎教准备

联想胎教是通过准妈妈的联想产生一种信息传输给胎宝宝，在胎宝宝身上产生作用的胎教法。所以，它可以贯穿于所有胎教方法中。

8个月的胎宝宝，脑、神经系统都发育到一定程度，因此，准妈妈展开以联想为主要方法的联想胎教，可以促进胎宝宝形成意识的萌动。

♛ 胎教实施

进行联想胎教的具体方法是：准妈妈在欣赏音乐时，就可以借助乐声，对乐曲所描述的画面展开联想；准妈妈在阅读文学作品、欣赏绘画作品时，可以展开场景的联想和画面意境的联想；准妈妈在大自然中可以对美景展开诗情画意的联想。

♛ 胎教效果

联想胎教要求准妈妈所听的音乐、所读的作品、所欣赏的画面是积极美妙的，准妈妈所联想的内容也必须是健康美好的。只有这样，胎宝宝才能接收到良好的意识信息，从而促进胎宝宝意识的萌芽和心智的发育。通过联想，准妈妈把这些意识的信息传输给胎宝宝，对胎宝宝进行良好的刺激作用。

胎教温馨小贴士

教胎宝宝识别图形：胎宝宝具有敏锐的感受力和学习力。不仅外界的人、事、物可能在胎宝宝脑中留下潜在印象，准妈妈的行为与心理对胎宝宝更有深远的影响。所以说，此时教胎宝宝认识图形并不是一件毫无意义的事。首先，准妈妈可以教胎宝宝认识正方形，要找出身边呈正方形的实物来进行讲解。"和卡片上的图形一样的东西在哪儿呀？"先提出问题，然后和胎宝宝一起寻找，"有了，坐垫、桌子。"这时可以拿起一个正方形物体，一边讲"这是正方形"，一边用手描摹图形的轮廓，通过这种"三度学习法"进行胎教。学完正方形、长方形、正三角形、圆形、半圆形、扇形、梯形、菱形等平面图以后，再告诉胎宝宝什么是立方体、长方体、球体等。在学习这类图形时，最系统的教具可以说是积木，准妈妈可以把积木和日常生活用品联系在一起，穿插着讲给宝宝听。

加强音乐胎教：刺激胎宝宝情绪的强化发育

♔ 胎教准备

8个月的胎宝宝听觉已经渐渐发达，日常生活中所产生的各种声音可以逐渐传至胎宝宝脑部。所以，8个月时的音乐胎教除了可运用准妈妈自己欣赏音乐，用胎教传声器给胎宝宝"听"音乐的方法外，还可实行"母教子唱"法。

♔ 胎教实施

准妈妈可先练音符的发音或较简单的乐谱，这样就可使胎宝宝容易接收，比如唱"１２３４５６７""７６５４３２１"这7个音符，反复轻唱若干遍，每唱完一个音符，停顿几秒钟，这几秒钟即是胎宝宝"复唱"的时间，而后再依次进行。如果用耳机在准妈妈腹壁放音乐，则耳机音量为60分贝即可。孕8个月后反复播送一首固定的乐曲，可为出生后的孩子培养音乐爱好，并为开发孩子的想象力打下基础。

这个时期选择的胎教音乐，要求在频率、节奏、力度和响度范围等方面，应尽可能与宫内胎心音合拍。因为若频率过高会损害胎宝宝内耳基底膜上的螺旋器，使其出生后听不到高频声音；节奏过强、力度过大的音乐，会导致胎宝宝听力下降。

♛ 胎教效果

尽管胎宝宝有听觉，但胎宝宝毕竟不能唱，准妈妈只要能充分合理地发挥自己的想象，就能让腹中的胎宝宝神奇地"张开"蓓蕾似的小嘴，跟着自己的音律和谐地唱起来。

胎教温馨小贴士

胎宝宝最喜欢哼歌谐振胎教法：准父母在进行音乐胎教时，可以选择多种方法。其中对宝宝最为有利、影响最深的就是哼歌谐振法，准妈妈在唱歌时产生的物理振动，能使宝宝从中得到情感上的满足，还能让胎宝宝记住父母的声音和音乐的节奏，前者可以加强准父母与胎宝宝的感情，会更融洽、和谐，后者可使胎宝宝对音乐产生兴趣，陶冶性情，培养其完善的性格。有的准妈妈认为，自己五音不全，没有音乐细胞，哪能给宝宝唱歌呢。其实，完全没有必要把唱歌这种事看得太难，要知道给宝宝唱歌并不是登台表演，不需要过多的技巧和天赋，只要你带着对宝宝深深的母爱去唱，你的歌声对于宝宝来说，就是悦耳动听的。唱的时候，尽量使声音往上腭部位集中，这样可以使声音变得更甜美。此法每天可进行几次，每次不超过20分钟。准妈妈唱歌时心情要舒畅，富于感情，如同面对着你可爱的小宝宝倾诉一腔柔肠和母爱，这时准妈妈可想象胎宝宝正在聆听你的歌声，从而达到母婴心音的谐振。

运动胎教：促进胎宝宝肢体的活动发展

♛ 胎教准备

到了怀孕8个月，尽管准妈妈已经感到行动不便了，医生也可能嘱咐准妈妈要注意行动的安全，以免发生早产，但这不等于说，准妈妈在这段时间不能运动。其实，在这段时间里准妈妈进行一些舒缓的运动是非常有利的，比如散步，可以避免难产。散步是准妈妈锻炼心脏血管的最佳方式之一，不仅可以让准妈妈保持健康，还不会给膝盖和脚踝带来伤害；准妈妈在散步的同时，胎宝宝也会加大胎动，可以促进胎宝宝肢体的活动。

👑 胎教实施

准妈妈可以每天早晚到户外散步。散步时间和距离没有一定的要求，最好以准妈妈自己感觉舒适而不疲劳为宜；散步时要避开拥挤、嘈杂的公共场所，最好选择幽静、空气清新的地方，地面要平坦，绕开坡地和台阶，注意安全；散步时要穿舒适的软底鞋，冬天注意保暖，夏天注意防暑，盛夏和严冬最好不要进行室外散步。

准妈妈进行散步时可以选择交替散步法。所谓交替就是快慢结合，首先从慢走开始，利用慢走热身，10分钟左右即可。其次，步伐稍微加快，1～2分钟即可。再次，快步行走近似小跑，2分钟即可。如此循环4～5次，其中，自第二次开始，慢走减为5分钟，结束时，慢走5分钟，放松身体。这样可以锻炼腿部肌肉力量，有助于准妈妈自然分娩。

👑 胎教效果

准妈妈散步时，边呼吸新鲜空气，边欣赏大自然美景，可以提高心肺和神经系统的功能，促进新陈代谢，使腿肌、腹壁肌、心肌都得到一定的锻炼；散步过后，准妈妈会产生轻微适度的疲倦，有助于增进食欲和睡眠，还可以变换心情，消除烦躁和郁闷，改善自己的心情。

此外，准妈妈散步运动，可以使动脉血大量增加，促进血液循环，对身体细胞的营养，特别是心肌细胞的营养有良好的作用。并且，在散步中，肺的通气量增加，呼吸变得深沉，能增强准妈妈和胎宝宝的健康。

强化光照胎教：刺激胎宝宝视觉产生反应

♛ 胎教准备

　　由于胎宝宝的视觉较其他感觉功能发育缓慢，孕30周以前，胎宝宝还不能凝视光源，直到孕36周，胎宝宝对光照刺激才能产生应答反应。因此，这个时期需要强化对胎宝宝的光照胎教。

♛ 胎教实施

　　准妈妈每天可定时在胎宝宝睡醒时用手电筒（弱光）作为光源，紧贴腹壁照射胎宝宝。为了让胎宝宝适应光的变化，结束前可连续关闭、开启手电筒数次，以利于胎宝宝的视觉健康发育。

　　胎教实施中，准妈妈最好将自身的感受详细地记录下来，如胎动的变化是增加还是减少，胎宝宝受到光照刺激后动作的轻重，是肢体动还是躯体动等等。通过一段时间的训练和记录，准妈妈可以总结一下胎宝宝对刺激是否建立起特定的反应或规律。另外，光照时可以配合对话胎教进行，这样，综合的良性刺激对胎宝宝更有益。

　　在进行光照胎教时需注意光源不能太强，照射时间也不宜过长，每次5分钟左右。不要在胎宝宝睡眠时施行胎教，这样会影响胎宝宝正常的生理周期，必须在有胎动的时候对胎宝宝进行胎教。

♛ 胎教效果

　　从妊娠7～8个月开始，每天定时对胎宝宝实施光照胎教，有利于促进胎宝宝的视觉反应。由于胎宝宝的视力较弱，比较害怕强光刺激，因此光照不能太强烈。

综合进行对话、语言及抚摸胎教：触动胎宝宝心智的综合发育

👑 胎教准备

由于胎宝宝到了8个月已经有了意识的萌芽，所以继续实施对话及抚摸胎教，以进一步触动胎宝宝心智发育。

👑 胎教实施

给胎宝宝实施对话胎教最好以讲故事或教胎宝宝日常用语为主要方式，故事要选择生动有趣的，可以是准妈妈给胎宝宝讲，也可以是准爸爸对着准妈妈的腹壁给胎宝宝讲。

问候胎宝宝："你好！""早晨好！""睡得香吗？""愉快吗？""看，太阳升起来了！"

赞美胎宝宝："真听话！""真是妈妈的乖宝宝！""真好！""爸爸妈妈真爱你！"

期盼胎宝宝："快快长大！""长得高高的！""眉毛像妈妈，眼睛像爸爸！""善解人意像妈妈！"

准妈妈还可以对胎宝宝进行系统性语言诱导。比如，散步时准妈妈可以对胎宝宝说："这是一片青草地，妈妈在散步。"感到胎动时说："宝宝又淘气了，又踢妈妈了！"一边说，准妈妈一边可以在腹部轻轻地推动胎宝宝，和他（她）做游戏。

准妈妈还可以在室内给胎宝宝朗读优美的散文、诗歌和民谣。准妈妈在给胎宝宝朗读时，一定要吐字清楚，声音要缓和，并且要声情并茂。

👑 胎教效果

胎宝宝大脑细胞分裂增殖有两个高峰期，第一个高峰期是怀孕的2～3个月，第二个高峰期是怀孕的7～8个月。因此，这个时期是对胎宝宝进行综合胎教、挖掘大脑潜力的黄金时期。

准妈妈进行对话、语言和抚摸的综合胎教训练，可以帮助胎宝宝综合发展听觉、触觉、运动和心智能力。

胎教温馨小贴士

准妈妈对胎宝宝的常用招呼用语：准妈妈每天都别忘了和胎宝宝打招呼，这会让胎宝宝在腹中时就能体会到妈妈浓浓的爱意，下面介绍一些对胎宝宝的常用招呼用语。

〔一般用语〕

"宝宝""你好""早安""再见""你早，小宝宝""晚安，我的宝贝"等。

〔复杂一些的用语〕

起床时："早上好！可爱的小宝贝！"等；早上打开窗户时："太阳升起来了……"；吃饭时："小宝宝，吃饭喽，妈妈做了好多好多好吃的东西。"等；开门回家时："我们回家啦，小宝贝！"等；下班时："乖乖，爸爸回来了！"等。

加强饮食胎教：继续补充维生素、蛋白质和矿物质

♛ 胎教准备

孕晚期，准妈妈要继续补充维生素，尤其是维生素B_1、维生素B_6、维生素B_{12}等B族维生素。孕晚期除了要增加优质动物蛋白外，还可增加一些豆类蛋白，如豆腐、豆浆以及豆制品。

同时，妊娠8个月的时候，准妈妈要继续补充胎宝宝生长需要的钙、镁等矿物质。镁是人体必需的矿物质，准妈妈每天镁的摄入量约需要450毫克。

♛ 胎教实施

准妈妈在饮食中要加强摄取钙质，每天需要达到800～1 500毫克的摄入量。可以吃一些奶制品、绿色蔬菜、甲壳类食物，也可以吃一些植物的种子，如花生、松子、芝麻等，要多喝点骨头汤，因为骨头汤里的含钙量较高；同

时，准妈妈要注意户外活动，多晒太阳，从而增进钙的吸收；必要时可以在医生指导下补充钙片。

镁是叶绿素的主要成分，因此，准妈妈日常饮食中要经常进食绿色蔬菜，如青菜、莴苣等；此外海产品、骨头汤、瓜果，以及花生、芝麻、大豆、麦麸、麦胚及牛肉、猪肉等都含有镁，这些食物都要多吃；同时，在烹饪时尽可能多用粗制海盐，因为精盐在加工过程中会失去大量的镁元素。

👑 胎教营养餐

补钙食疗方：鸡脯扒小白菜

原料

小白菜400克，熟鸡脯肉200克，植物油、盐、料酒、牛奶、葱花、鸡汤各适量。

做法

将小白菜洗净，切长段，焯水，过凉，沥干水分；熟鸡脯肉撕小条。锅置火上，倒油烧热，放入葱花炝锅，放入料酒，加入鸡汤和盐，放入鸡脯肉、小白菜，用大火烧沸，加入牛奶拌匀即可。

补镁食疗方：核桃枸杞粥

原料

核桃5个、枸杞子30克、大米250克。

做法

核桃去壳、留仁，与枸杞子、大米共熬粥食之。

👑 胎教效果

准妈妈补充足够的维生素不仅可以帮助准妈妈缓解压力、营养神经，更有助于**准妈妈消除孕晚期疲劳**，对身体易疲乏的准妈妈尤其有益；准妈妈和胎宝宝的骨骼、牙齿的基本物质都来源于钙的摄取，准妈妈在妊娠晚期补充足够的钙，可以避免因缺钙发生腿脚抽筋；人体内近98%的镁存于骨骼、牙齿和软组织中，所以准妈妈孕晚期及时补充镁元素，有助于胎宝宝骨骼和牙齿的发育。

阅读适宜胎教的美文

泰戈尔散文诗一组

1.很久很久以前，蜜蜂在夏日的花园中恋恋不舍地飞来飞去，月亮向着夜幕中的百合微笑，闪电倏地向云彩抛下它的亲吻，又大笑着跑开。诗人站在树林掩映、云雾缭绕的花园一角，让他的心沉默着，像花一般恬静，像新月窥人似的注视他的梦境，像夏日的和风似的漫无目的地飘游。

2.四月的一个黄昏，月儿像一团雾气从落霞中升起。少女们在忙碌地浇花喂鹿，教孔雀翩翩起舞。突然，诗人放声歌唱："听呀，倾听这时间的秘密吧！我知道百合为月亮的爱情而苍白憔悴；芙蓉为迎接初升的太阳而撩开了面纱，如果你想知道原因，很简单，蜜蜂向初绽的素馨低唱些什么，学者不理解，诗人却了解。"

3.太阳羞红了脸，下山了，月亮在树林里徘徊，南风轻轻地告诉芙蓉："这诗人似乎不像他外表那样单纯呀！"妙龄少女、英俊少年含笑相视，拍着手说："世间的秘密已然泄露，让我们的秘密也随风飘去吧！"

4.对于你，我犹如黑夜的小花朵儿。我能给你的只是掩藏在夜色里的安宁和不眠的静谧。清晨，当你睁开眼睛，我将把你留给一个蜜蜂嗡鸣，鸟儿啁啾的世界。我送给你的最后礼物，将是一滴落入你青春深处的泪珠，它将使你的微笑更加甜美；当白天的欢腾残酷无情之时，它将化作薄雾，隐去你的娇容。

5.请放下你的琵琶，我的爱，让你的柔臂自由地把我拥抱。让你的触摸把我洋溢的心儿引向我身体的最边缘。请不要把头儿低垂，也不要把脸儿转开，请你给我一个亲吻，一个像久闭在花蕾里的芬芳的亲吻。请不要用多余的言语把这一片刻窒息，让我们的心儿在寂静的潜流里颤动，把我们所有的思绪都卷到无边的喜悦里。

胎教提点

诗人是"人类的儿童"。因为他们都是天真的、善良的。在现代的许多诗人中，泰戈尔更是一个"孩子的天使"。他的散文诗正如这个天真烂漫的天使的脸；看着他，就"能知道一切事物的意义"，就感知和平、感知安慰，并且知道真爱。泰戈尔的诗作美而且纯净，诗作中蕴含着的高超的理想主义和文学的庄严与美丽，特别适合准妈妈在孕中晚期对胎宝宝进行语言胎教和美育胎教阅读，其中浓烈的美感可以培养美好的情绪，启发胎宝宝的智力。

纪伯伦散文诗选

[雨之歌]

我是根根晶亮的银线，神把我从天穹撒下人间，于是大自然拿我去把千山万壑装点。

我是颗颗璀璨的珍珠，从阿施塔特女神王冠上散落下来，于是清晨的女儿把我偷去，用以镶嵌绿野大地。

我哭，山河却在欢乐；我掉落下来，花草却昂起了头，挺起了腰，绽开了笑脸。

云彩和田野是一对情侣，我是他们之间传情的信使：这位干渴难耐，我去解除；那位相思成病，我去医治。

雷声隆隆闪似剑，在为我鸣锣开道；一道彩虹挂青天，宣告我行程终了。尘世人生也是如此：开始于盛气凌人的物质的铁蹄之下，终结在不动声色的死神的怀抱。

我从湖中升起，借着以太的翅膀翱翔。一旦我见到美丽的园林，便落下来，吻着花儿的芳唇，拥抱着青枝绿叶，使得草木更加清润迷人。

在寂静中，我用纤细的手指轻轻地敲击着窗户上的玻璃，于是那敲击声构成一首乐曲，启迪那些敏感的心扉。

我是大海的叹息，是天空的泪水，是田野的微笑。这同爱情何其酷肖：它是感情大海的叹息，是思想天空的泪水，是心灵田野的微笑。

胎教提点

花、雨、美、幸福这似乎构成了纪伯伦文字的世界。他要唱出"母亲心里的歌"，作品以爱和美为主题，通过大胆的想象和象征的手法，表达深沉的感情和远大的理想。诗人把美当成上帝、真理。她无所不包、无处不在，其力量也非常神奇，可主宰生死存亡，可令你获得爱情、灵感，可以使人变得聪明、美丽，净化人的心灵，使社会变得崇高起来。同时，她也可以"赛过狂风暴雨"，摧毁一切。

准妈妈在语言胎教和美育胎教过程中，经常阅读纪伯伦的散文诗不仅可以体会美文中演绎的哲理命题，更可以得到美的享受，形象而鲜明地触发准妈妈的美好情绪，给胎宝宝以潜移默化的影响。

怎样开展联想胎教

胎宝宝和准妈妈心灵情感相通

大量研究表明，胎儿时期，胎宝宝和准妈妈之间由于血脉相连，会有心灵和情感的相通。比如，准妈妈心情愉快、恬静时，胎宝宝在腹中就会表现得安静；反之，如果准妈妈盛怒、发火，胎宝宝在腹中就会表现得躁动不安。准妈妈在孕期情绪和心情的好坏直接影响了胎宝宝出生后的性格，准妈妈所传递的情感信息对胎宝宝至关重要。

联想胎教的内容很重要

在日常生活中，少数准妈妈由于怀孕后的身体不适而出现对胎宝宝怨恨的心理以及产生不好的联想感受，这时胎宝宝在母体内就会意识到准妈妈的这种不良感受，从而引起精神上的异常反应，在这种情况下发育的胎宝宝出生后大多数会有情感障碍，出现感觉迟钝、情绪不稳、易患胃肠疾病、体质差等现象。因此，准妈妈必须在妊娠期间排除不良的意识和联想，尽量多想些美好的事情，比如名画、美景、乐曲、诗篇等所有美的内容，将善良、温柔的母爱充分体现出来，通过各个方面来爱护和关心胎宝宝的成长。

孕晚期准妈妈不能太肥胖

十月怀胎，需要准妈妈摄入充足的营养素和充分的休息，所以对于准妈妈来说，由于营养多、活动少、体内雌激素增加，致使脂肪堆积，是一个极易发胖的时期。但是，一个不容忽视的事实是，肥胖孕妇比一般孕妇罹患产科并发症明显增多，难产、围产期胎宝宝死亡发生率高，易生缺陷儿。因此，准妈妈在这个时期预防肥胖是非常重要的。

准妈妈孕期体重正常增加的标准

准妈妈在孕期体重增长主要来自子宫及其内容物（羊水、胎儿、胎盘）、乳房、血容量、细胞内外水分的增长，以及另一小部分为母体孕期贮备的营养，主要是脂肪、蛋白质的沉积。准妈妈孕期体重的增加有一个正常范围，一般来说，准妈妈整个孕期平均体重增长为11.5千克左右，体重增加的差异与孕前胖瘦有关，低体重者增加稍多，可达12千克；而原本就肥胖的准妈妈应限制体重，增加量在8千克以内。孕10周、孕20周、孕30周、孕40周时分别增加为0.65千克、4千克、8.5千克、12千克。

肥胖对母胎危害多

一项新的研究表明，准妈妈在怀孕期间发胖患上妊娠并发症等疾病的概率比正常增重准妈妈高，如妊娠高血压、妊娠糖尿病、骨关节炎、血栓形成、产后抑郁症等，而且由于分娩巨大儿概率增加，更多地使用胎吸、产钳助产和剖宫产等医疗方案，加重了对产妇的损伤；准妈妈肥胖还会影响胎宝宝的生长发育，易造成胎宝宝的流产和死亡。

妊娠并发症：准妈妈妊娠期肥胖的直接危害与肥胖带来的妊娠并发症的发生有关。有学者统计，在200例90千克以上体重的肥胖准妈妈中，有75%发生了并发症，包括胎位异常、胎膜早破、延迟分娩、难产、剖宫产的比率增高，产褥期出血量多，贫血等。这些症状不仅对准妈妈危害大，对胎宝宝的生命也有较大的影响。

妊娠高血压综合征：肥胖还会引起准妈妈患上妊娠高血压综合征（简称妊高征）。在妊娠20周以后，如果准妈妈每周体重增加0.56千克以上，通常容易发生妊高征。妊高征患者因肥胖，外周血管阻力增加，影响组织液回流，易引起高血压、浮肿，重症患者损及心、肾功能，出现蛋白尿、气短、难以平卧等心肾功能衰竭的表现，严重时出现抽搐、昏迷、心肾功能衰竭，治疗不及时会危及生命，甚至发生母婴死亡。

流产、难产与死胎：肥胖准妈妈尤其是妊娠期体重明显增加的准妈妈，还容易造成胎宝宝的流产和死亡。由于肥胖准妈妈腹肌无力，易发生低张性宫缩乏力，引起滞产；而且准妈妈妊娠期体重增加明显，新生儿的出生体重较重，易发生巨大儿，这就预示着难产、剖宫产的概率增高；此外，肥胖准妈妈出现过期妊娠的情况增加，需用到产钳分娩、负压吸引术的可能性也增加，新生儿死亡率也比正常体重准妈妈高。

肥胖准妈妈孕期的饮食安排

合理饮食：合理饮食不仅可以降低肥胖的发生，对于胎宝宝的健康发育也是至关重要的，合理饮食指热能、蛋白质、脂类和糖类，以及矿物质元素和维生素的质量和比例要合适。举例说，如果一位准妈妈体重为60千克，每天应摄入蛋白质80克、糖类即主食为0.4～0.5千克；对于基础体重较大的准妈妈，其摄入脂肪时应选择低热量食品，严格控制热量摄入。此外，准妈妈还应特别注意矿物质元素和维生素的合理摄入，尤其是铁、叶酸、钙和锌的补充，还应适当增加碘、维生素A、B族维生素、维生素C、维生素D等的摄入。只有营养摄入合理，才能预防准妈妈肥胖症的发生。

控制食量：主要控制糖类食物和脂肪含量高的食物，米饭、面食等粮食均不宜超过每天标准供给量；动物性食物中可多选择含脂肪相对较低的鸡、鱼、虾、蛋、奶，少选择含脂肪量相对较高的猪肉、牛肉、羊肉，并可适当增加一些豆类食物，这样不仅可以保证蛋白质的供给，又能控制脂肪量；少吃油炸食物、坚果、植物种子类的食物，这类食物含脂肪量也较高。

多吃蔬菜和水果：可多吃一些蔬菜和含糖分较少的水果，这样既可以替代糖类以缓解饥饿感，又可增加维生素和矿物质的摄入。

对胎宝宝实施
全方位胎教

胎宝宝基本发育成熟

♛ 胎宝宝能呼吸了

　　9个月的胎宝宝身长为45～48厘米，体重大约为2 500克。全身开始长出皮下脂肪，身体逐渐变圆、变大，皮肤变得有光泽。全身长满的毫毛开始消退，指甲很快长出。男孩子的睾丸下降至阴囊中，女孩子的大阴唇隆起，左右紧贴在一起，生殖器几乎已发育完全。这时胎宝宝面貌已定型，表情也变得丰富，或笑或哭，这正是胎宝宝心智已有明显成长的证据。胎宝宝的眼睛时开时闭，眼球可以转动，头也可以左右回转。到第9个月结束时，胎宝宝已经可以把自己的手指送到嘴里了，可将此行动视为随意运动的开始。统御呼吸器官的中枢神经和肺功能已成熟，听觉、视觉、触觉、痛觉等各式各样的感觉都与脑干紧密地结合在一起，而此时也是与部分脑皮质联系的开始。

♛ 提前出生能成活

　　胎宝宝对外界的反应也是从这个时候开始，不过这种反应与大人所认定的反应其间有相当大的差距。到这时，胎宝宝的肺和胃肠功能都很发达，已具备呼吸能力，喝进羊水，能分泌少量的消化液，尿液也排在羊水中。因此，胎宝宝若在这个时期娩出，有在暖箱中生长的能力。

准妈妈身体负担越来越重，有点着急了

👑 准妈妈肚子像一个倒置的梨子

这时的准妈妈子宫成倒梨状，在它的顶部，也就是子宫最上面的部分称为子宫底。子宫底配合胎宝宝的成长逐渐变大，而子宫底的位置也逐渐往上升，子宫底升到最高位置大约是在第9个月的时候，此时已升到心窝附近而直接压迫到胃了。

由于子宫底已经上升到心窝底压迫到胃，会造成准妈妈食欲不振，体重亦有急速下降的倾向。除了胸部好像被什么东西顶住的感觉之外，身体也变得很难弯曲，浑身没劲而且不想动。特别是上下楼梯会显得格外笨拙，步行也变得很容易跌倒。所以，此时准妈妈要不慌不忙，慢慢行走。

♛ 准妈妈身体负担越来越重，真有点着急了

准妈妈怀孕至第9个月时，身体负担变得很重，不仅行动不便，也容易疲倦，因此一些准妈妈便会出现心情焦虑的现象，希望早一点把孩子生下来，卸下负担。然而十月怀胎，一朝分娩是急不得的事，如果准妈妈无法排遣这种情绪，无疑会影响胎宝宝的心智发育。

这时，准爸爸要努力帮助准妈妈调整心理和情绪，做好准妈妈的思想工作，陪妻子愉快地度过分娩前的最后一段日子，和妻子一起把养胎坚持到底，共同走完这一孕期最后的时光。此外，准妈妈分娩前行动不便，准爸爸还要多方照料，体贴入微，每天陪准妈妈活动、散步，以利于准妈妈的宫缩，但要注意，不能让准妈妈太疲劳。

展开美育胎教：对胎宝宝进行最初的心智训练

♛ 胎教准备

9个月的胎宝宝已有初步的意识萌动，所以对胎宝宝心智发展的训练以较抽象、较立体的美育胎教法为主。

美育胎教要求准妈妈通过听、看、体会生活中一切美好的事物，将自己美的感受通过神经传导输送给胎宝宝。听主要指听音乐；看主要指阅读一些优秀的作品和欣赏优美的图画；体会既指贯穿听、看活动中的一切感受和领悟，也指准妈妈在大自然中对自然美的体会。

♛ 胎教实施

听出"美音"：怀孕9个月的准妈妈在欣赏音乐时，可选择一些富含主题、意境饱满的作品，比如贝多芬的《月光奏鸣曲》、肖邦的《英雄》、维瓦尔第的《四季》等。

看出"美意"：准妈妈要选择那些立意高、风格雅、个性鲜明的作品阅读，尤其可以多选择一些中外名著来阅读。比如，中国现代作家朱自清和俄国著名作家屠格涅夫的散文，中国古代诗词及外国诗人普希金、雪莱等人的诗

歌，西方著名作家雨果、托尔斯泰的作品和中国现当代的著名小说等。准妈妈在阅读这些文学作品时一定要边看、边思、边体会，强化自己对美的感受，这样胎宝宝才能受益。有条件的话，准妈妈还可以看一些著名的美术作品，比如中国的山水画、西方的油画。

体会出"美感"：准妈妈在这个阶段也要适度走动，可以到环境优美、空气质量较好的大自然中去欣赏大自然的美，这个欣赏的过程也就是准妈妈对自然美的体会过程。

👑 胎教效果

准妈妈选择主题较鲜明的美术作品和音乐作品，能促使自我美好情怀的涌动，也有利于胎宝宝的心智成长。在欣赏美术作品时，准妈妈要调动自己的理解力和鉴赏力，由此而产生的美的体验一定会传导给胎宝宝。准妈妈通过饱览美丽的景色而产生出的美好情怀，可以促使胎宝宝脑细胞和神经系统的发育。

加强联想胎教：刺激胎宝宝意识的发展

👑 胎教准备

9个月胎宝宝的听觉、视觉、触觉、痛觉等各种感觉都与脑干紧密地结合在一起，是与脑皮质联系的开始。最好将联想胎教和美育胎教结合起来进行。

👑 胎教实施

美育胎教是在准妈妈对美的体验的同时，通过联想及体会去实现的，所以联想胎教可以在准妈妈审美的同时，扩大并加强准妈妈对美的全方位的感受，也就是联想出曲中、书中、画中、美景中所没有写尽、绘尽的美的意境。

👑 胎教效果

进一步加强联想胎教，并结合美育胎教的实施，可以提高准妈妈对美的感受力度和深度，从而刺激胎宝宝的意识发展。

继续音乐胎教：促进胎宝宝情绪的进一步发展

♛ 胎教准备

鉴于9个月大的胎宝宝有了意识，所以这一阶段的音乐胎教主要是促进胎宝宝情绪的进一步发展，进一步刺激胎宝宝的心理和智力的发育。准妈妈可以选择自己欣赏音乐，也可以选择让胎宝宝"听"音乐的形式。

♛ 胎教实施

9个月大胎宝宝的音乐胎教在选乐曲时要选择那些注重抒发作曲家内心情感、充满深切的情感关怀、旋律流畅、意境深远的作品，尤其要选择一些有思想深度、能激发准妈妈思考，对胎宝宝益智有利的音乐作品。如：贝多芬的《致艾丽丝》、德沃夏克的《新世界》、海顿的《小夜曲》，以及莫扎特的大部分音乐作品。准妈妈在进行音乐胎教时，一定要注意体会音乐的意境，必须对自己的情绪有所掌控，千万不能在欣赏音乐时开小差、胡乱联想，以避免产生不良的情绪。

♛ 胎教效果

如果让胎宝宝听音乐，切记不可选择高频部分声压及音乐力度较大的作品，如法国钢琴家理查德·克莱德曼改编自贝多芬《命运交响曲》的现代钢琴曲《命运》、柴可夫斯基的《悲怆交响曲》等，这些都不太适合胎宝宝听。

有很多实例证明，经过进一步的音乐胎教，胎宝宝的情绪会有一个发展，心智也一定比没有经过胎教的宝宝要成熟。

胎教温馨小贴士

与胎宝宝一起进行"音乐浴"：在准妈妈感觉情绪烦躁、心情紧张的时候，可以进行一次"音乐浴"式的音乐胎教，这对解除疲乏、胸闷、头昏、头痛有立竿见影的效果，同时也让胎儿得到一次音乐的洗礼。

准妈妈可以坐在带靠背的沙发、椅子或躺椅上，双腿放在前面比座椅稍高的凳子上，手放在双腿两旁，闭上眼睛，全身放松。音响放置在离准妈妈有一定距离的地方，音量适中，音乐可根据自己的喜好加以选择，以节奏较明快为好，太快太慢都会影响效果。音乐要连续播放10分钟左右，随着音乐的奏起，全身自然放松，首先感受到音乐如波浪般一次一次有节奏地向你冲来，冲走了疲乏，冲醒了头脑，血液在全身正随着音乐节奏流动（时间控制在3分钟以内）。然后，想象音乐如温热的水流自头顶向下流动，血液也在从头到脚来回有节奏地流动（时间控制在5分钟以内）。最后睁开眼，随着音乐的节奏，手、脚有节奏地晃动，时间约2分钟或以同等时间的一首乐曲为限。

继续进行对话、语言、运动及光照胎教：促使胎宝宝身心全面发育

👑 胎教准备

第9个月的胎宝宝已渐成熟，可以继续对胎宝宝进行对话、语言、运动、光照等全方位的胎教，全方位的胎教刺激可促使胎宝宝的身心全面发展。

👑 胎教实施

在综合实施这些对话、语言、运动及光照胎教时要进一步加强，比如对话内容可以更复杂些，可讲故事、谈话、讲画册、教儿歌等；语言胎教可增加外语的播放；运动胎教以帮助胎宝宝做体操等较大的"运动"训练为主；光照胎教则建议准妈妈直接到大自然中去迎着太阳走，让太阳柔和自然的光源照射在准妈妈腹部，给胎宝宝以自然光的刺激。

这几种胎教还可以在同一时间内综合运用，比如准妈妈在散步时，一边听音乐，一边让胎宝宝接受光照胎教，一边推动胎宝宝在腹内运动。与此同时，准妈妈再给胎宝宝描述温暖的阳光、美丽的景色。

准妈妈可以选择舒缓散步法，也就是首先放一些轻松舒缓的音乐，然后按节奏行走，步伐不要太大，自我感觉轻松舒适就好，同时，双臂自然在身侧摆动，幅度不必太大，配合深呼吸（将充足的空气从鼻孔吸入肺部，由嘴部呼出），这种散步方式可以扩张肺部，锻炼分娩时需要的呼吸技巧。或者还可以

在此基础上，添加肢体动作，达到活动全身的目的。比如每做完一个循环，双腿微张至臀宽，手臂抬至与肩同宽，手掌向前伸展，然后匀速下蹲3～5次；一手叉腰，另一只手臂前伸，上半身向手臂叉腰一侧转，同时匀速下蹲。这一过程做3～5次，做完换了方向继续做。

在散步时，准妈妈可以说："宝宝，我们一起听听音乐吧。""宝宝，阳光真好啊！""宝宝，音乐真好听啊！"

准妈妈给胎宝宝动作刺激时，可以说："宝宝，让妈妈摸摸你。""宝宝散散步吧。""宝宝，妈妈拍拍你。""再踢一下！"

准妈妈看到大自然中的景物时，也可以教胎宝宝数数，轻轻拍打一下腹部说"1"，轻轻拍打两下腹部说"2"。注意拍打要轻柔但要清晰，发出的声响要注意节奏，要按一个均匀的节奏规律进行。每次数数都要从"1"开始，数数不能太多，声音不能太大。教胎宝宝数数，不能操之过急，要循序渐进。

♕ 胎教效果

通过准妈妈对胎宝宝进行综合的胎教训练，可以让胎宝宝在腹内通过视觉、触觉、听觉等立体感觉"外面的世界"，可以帮助胎宝宝开启对未来世界认识的萌动意识。

加强饮食胎教：多吃海产品

♕ 胎教准备

怀孕第9个月，是胎宝宝脑部发育在接近预产期时神经和神经胶质分化速度最快的时期，所以需要准妈妈多吃一些营养丰富的海产品。

♕ 胎教营养餐

紫菜卷

河鳗750克，紫菜5张，鸡蛋3个，小葱5根，姜末、料酒、盐、淀粉、香油各适量。

做法

河鳗洗净，用刀沿着背剖开，剔去脊骨，去皮，除去筋、骨，用刀剁成细泥，放入碗内，加姜末、料酒、盐、鸡蛋清（1个）、冷水，用力搅拌，再拌以淀粉、香油，即成鱼泥；鸡蛋敲入碗内，加淀粉、盐，用筷子打匀，在锅内分别摊成5张蛋皮待用；摊开一张紫菜，覆上一层蛋皮，再抹上一层鱼泥，中间放一根小葱，顺次卷拢。依此方法，做成5条紫菜卷，放入蒸笼，用大火蒸10分钟，取出冷却后，切成斜刀块即成。

虾子海参

原料

干海参150克，干虾子15克，盐3克，肉汤500克，淀粉、酱油各6克，葱、姜各15克，植物油、料酒各30克。

做法

将干海参放入锅内，加入清水，加盖用小火烧开后，将锅端离火，待其泡发胀至软时捞出，剖肚挖去肠，刮净肚内和表面杂质，洗净。再放入锅内，加清水，用小火烧开，又将锅端离火，待其泡发胀，海参即可发透。然后将发透的海参肚内先划十字花刀，入开口锅内烫一下，捞出，沥干水分备用。将虾子洗净盛入碗内，加入适量的水和料酒，上笼蒸约10分钟取出。将锅烧热，放入植物油，投入姜、葱，煸炒后捞出，烹入料酒，加入肉汤、盐、酱油、海参、虾子。煨透成浓汤汁，用淀粉勾芡，起锅，装入盆内即可。

特点

本菜鲜滑、味浓，富含胎宝宝生长后期所需要的营养素。

♔ 胎教效果

　　因为海洋动物食品营养十分丰富，富含脂肪、胆固醇、蛋白质、维生素A和维生素D，这时如准妈妈摄入足够的热量和蛋白质，将帮助胎宝宝脑细胞的分化，最终将促进胎宝宝脑细胞的发育。同时，胎盘在怀孕34～36周间滋养层上皮细胞最多，以后不再增多，此时若准妈妈摄入热量和蛋白质不足，胎盘滋养层上皮细胞数量就会减少，因此将妨碍对胎宝宝氧和营养的供应。

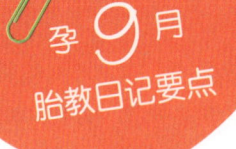

欣赏美术作品

欣赏《日出·印象》（法国莫奈）

《日出·印象》是印象派绘画的代表作之一。《日出·印象》展出后，受到社会的公开攻击。那位以"印象"来讽刺这幅画的《喧噪》周刊的记者路易·勒鲁瓦，指责莫奈"对美与真实的否定"，可谁知这个名称却从此彪炳画史，变成了一代画风的最具号召力的符号。

作品欣赏：《日出·印象》是莫奈描绘勒阿弗尔港口的一个多雾的早晨的景象。在晨曦的笼罩下，海水呈现出橙黄色或淡紫色，天空被各种色块所渲染，水的波浪也由厚薄、长短不一的笔触组成，3只小船在色点组成的雾气中显得模糊不清，远处工厂的烟囱、大船上的吊车⋯⋯一切都依稀在模糊的色点中。

胎教提点：欣赏这样一幅朦胧的画面，准妈妈需要体会的是画面中透露出的柔美和恬静，以此来渲染自己的心情，使躁动的心灵回归宁静。

美育胎教和联想胎教结合运用

进行音乐美育胎教就要求准妈妈多听美妙的音乐，多展开联想。

进行自然美育胎教就要求准妈妈多走进大自然，在感受自然美的同时激发起情绪的愉悦、寻找精神的享受。在我们生存的这片土地上，不管是神奇辽阔的草原、挺拔峻峭的高山、幽静神秘的峡谷；还是惊涛拍岸的河海，无不开阔着我们的胸襟，启迪着我们的思考，给我们带来美的享受和精神的升华。准妈妈在大自然中感受到这一切时，要将提炼过的感受传递给胎宝宝，使胎宝宝也能感受到大自然的美丽；同时，准妈妈经常走入大自然，吸收新鲜空气，也有利于胎宝宝的大脑发育。

进行感受美育胎教需要准妈妈在孕期不仅要有健康的妊娠生活，还要有比较丰富的精神生活，多看书、旅游、欣赏画作、欣赏音乐作品等，通过感受这些美好过程的行为来增加准妈妈的情趣，丰富其对美的感受，陶冶自身的情操，并通过这种方式传递给胎宝宝。

产前制订好分娩计划

为后期胎教创造良好的宫外环境

到了孕晚期，准妈妈必须要渐渐进入待产的心理准备阶段，多休息，积极创造良好的生活环境，给胎宝宝提供一个有充足阳光、清新空气和适宜"居住"的环境。

多进行阳光浴

阳光能使人体产生维生素D，进而促使体内重要营养元素钙、磷的正常吸收，以补充母体在孕期对钙、磷元素的较大需求；同时，阳光还可以促进血液循环，阳光中的紫外线还具有杀菌消毒的作用，能杀灭麻疹、流脑、猩红热等传染性病菌。因此，准妈妈在孕晚期休息时可以常晒太阳，多进行阳光浴。

多呼吸新鲜空气

新鲜的空气与充足的阳光同样重要，它可以说是准妈妈及胎宝宝的另一种营养品。树林中的氧大部分是以一种带负电的离子氧状态存在的，这种负离子对人体极为有益，具有调节神经系统和改善血液循环系统的功能，可以说是准妈妈和胎宝宝的"空气维生素"。准妈妈可以利用每天散步的机会，尽量多地摄入负离子氧，以满足胎宝宝健康成长的需要。有条件的话，准妈妈可以每天清晨和傍晚到公园、草地、树林等阳光充足、空气清新的地方去散步。

多走入大自然

准妈妈选择散步的地方也很重要，尽量不要去人群密集的地方，最好在大自然中行走。这样就可以一边接受阳光中紫外线的消毒，一边吸入树木放出的大量氧气；同时还能感受到大自然的鸟语花香，借助自然界中的鸟鸣蝉歌来调节中枢神经系统，从而放松精神，修身养性。

此外，我们生活的大自然中充满了神奇、美丽和温馨，准妈妈常常走进大自然，不仅可以从中领悟到诗一般的奇观，还能感受到自然美，这些美的感受不断地在大脑中汇集、组合，可以经过准妈妈的情感通路传递给胎宝宝，使他（她）也能受到大自然的间接陶冶，这也是促进胎宝宝智力开发的重要基础。

○ 高危准妈妈需做胎心电子监测

到了妊娠的第9个月，准妈妈需要进行胎心电子监测。胎心电子监测是指通过胎心监护仪来检测胎宝宝的心率，同时让准妈妈计胎动数，观察这段时间内胎宝宝的胎心率情况和胎动后的胎心率变化，从而给医生提供依据来判断胎宝宝在子宫内是否缺氧以及胎盘的功能。正常情况下，20分钟内应该有3次以上的胎动，胎动后的胎心率会增加15次/分钟以上。

胎心电子监测一般在怀孕33～34周以后进行，建议孕36周后每周进行一次胎心监护，高危准妈妈应该每周进行两次正常的胎心监护。

○ 开始制订分娩计划

随着分娩的日期越来越临近，准妈妈的心情一定很复杂，既有点担心又有点兴奋。此时，准妈妈可以做一些实际的事情迎接宝宝的到来：再次检查每件东西，免得到时手忙脚乱。我们为准妈妈列下了一张清单，准妈妈可以对照一下看看自己的准备工作做得怎样：

· 对从家里到医院所经过的路线要熟悉；

· 驾车从家到医院花费的时间要做到心中有数，一定要把堵车时间算上；

· 准备好有关的电话号码，尤其是医院的电话号码；

· 准备好准妈妈在定点医院检查的各种报告以及生产时需要用的一整套东西，并放置于易取到的地方；

· 列出宝宝出生后要立即通知的人员名单；

· 购置好所需的婴儿护理用品和衣物；

· 装饰好宝宝的房间，安排好家具和玩具；

· 再检查一下私家车，要确保随时能安全上路，赶往医院；

· 确保备用车胎完好、有足够的气；

· 确保移动电话一直有电；

· 准爸爸要尽自己最大的努力避免整夜不能在家的加班；

· 在冰箱冷冻室里多放些可立即解冻、烹制方便的食品，以便能让产后的妈妈很快就能吃到热食，并准备好其他一些基本食品。

用良好的心境给
胎宝宝一个温馨的家

胎宝宝红润丰满

♛ 胎宝宝发育完全

怀孕第10个月，胎宝宝的体重已达3 200克，身长也有50厘米左右。此时，胎宝宝皮肤表面的皱褶已消失，变成一个淡黄色的、胖乎乎的小人儿了。头盖骨变硬，指甲也长到超出手指尖，头发长2～3厘米。毫毛几乎看不见了，胎脂在后背、屁股、关节等处已稍许可以看得到了。皮下脂肪已相当丰富，骨骼也长得十分结实，肌肉相当发达，身体维持在一定的张度，而非弛缓状态。以心脏、肝脏为首的循环、呼吸、消化、泌尿等器官已全部形成，此时的胎宝宝已经可以在母体外独立生活了。有些胎宝宝的头部已进入准妈妈的骨盆之中。

♛ 一直睡着的"小懒虫"

此时，由于胎宝宝的头部已在准妈妈的骨盆入口或已进入骨盆中，所以剧烈运动的情况已经较少了。不过，有些胎宝宝在分娩之前还是动得很厉害，所以也不能一概而论。

与怀孕9个月时相比较，胎宝宝胎动的次数已减少很多，感觉上似乎稳重多了。这一时期的胎宝宝以睡觉为主，非必要的时候是很少活动的。各种成熟的动作是胎宝宝本身自主性地发挥，并且已表现出随时准备好要面对外面世界的姿态。从这一阶段一直到胎宝宝足月，胎宝宝的神经系统仍处于混沌未开的状态，子宫内的整个生命只靠着低级动物反射性控制方式来维持和推动。

准妈妈大腹便便、身体笨重，情绪有些反复

👑 准妈妈身体非常笨重，动作十分吃力

此时，准妈妈身体变得非常笨重，即使只是轻微的活动也会显得相当困难，动作十分吃力。准妈妈的体重增加十分迅速，同时下肢、手、腰部等处也很容易浮肿。

在分娩前7～14日，准妈妈会感觉到胎宝宝似乎在骨盆急速下降，同时开始发生尿频、腰部酸软、慵懒、肚子发胀，有时还会有不规则的子宫收缩，排出的黏液中掺有少许的血丝，胎动变少。这一时期也是产道软化和子宫颈短缩的时期。若是初产者，则会在此时感到好像要开始临产前的子宫收缩；若是经产者，则子宫颈短缩，子宫口开大的倾向增强，因此，此时千万疏忽不得。

♕ 准妈妈情绪有些反复

随着产期一天天临近，准妈妈的身心负担越来越重。准妈妈在期待宝宝出生的同时，会担心分娩是否疼痛、选择顺产还是剖宫产、宝宝生下来是否健康、奶水是否充足、如何养育宝宝等问题。这种紧张的心理负担如不加以及时的疏导，就会产生忧郁的心理障碍。忧郁主要表现为情绪不好，常为一点点小事而感到委屈甚至落泪，烦躁焦虑，睡眠不好。这时，预防准妈妈产生忧郁的心理显得尤为重要。

当准妈妈在孕末期出现忧郁心理时，准爸爸及家人对此要有足够的认识，尽量早做心理准备，主动排遣准妈妈的忧郁情绪。尽量打消不必要的担心，将所担忧的问题尽早解决，消除准妈妈对生产的恐惧和紧张。在准妈妈情绪不稳时，准爸爸要全力照料好妻子的生活，尽量耐住性子顺应妻子，以宽容来包容妻子。只要丈夫和妻子共同努力，克服不利于生产的恶劣情绪，就一定能够平安度过分娩的关口，迎来健康可爱、活泼聪颖的小宝宝的诞生。

开展情绪胎教：给胎宝宝带来美好情绪

♕ 胎教准备

由于临近生产，准妈妈免不了心理紧张，情绪抑郁，这对胎宝宝很不利。这时，准妈妈就要尽量调整好自己的心态，培养良好的情绪，从而将美好的情绪传递给胎宝宝，给胎宝宝健康平稳的到来创造一个宁静安谧的身心环境。

♕ 胎教实施

准妈妈在孕10月给胎宝宝进行情绪胎教，是为了给予胎宝宝有益的情绪影响，所以准妈妈的情绪胎教主要是要坚持每天听几首优美宁静的乐曲、念几首美妙的好诗歌、赏几幅意境悠然的画作、读几本意义深远的好书。不要看恐怖、紧张、色情、斗殴类的电视、电影、其他视频和小说。

准妈妈要努力做到胸怀宽广，乐观向上，多想想宝宝远大的前途和美好的未来，避免烦恼、惊恐和忧虑；准妈妈要坚持饮食起居有规律，按时作息；

准妈妈可以把生活环境布置得整洁美观，赏心悦目，还可挂几张漂亮宝宝的挂图，可以天天看，想象腹中的宝宝也是同样的健康、可爱；准妈妈可以多欣赏花卉盆景和大自然美好的景色，多到户外呼吸新鲜空气。

👑 胎教效果

情绪胎教就是要求准妈妈通过阅读诗书，欣赏音乐、字画及美景来怡情养性，平和自己紧张不安的情绪，营造温馨宁静的身心氛围，从而达到对胎宝宝有益的影响。怀孕后期的情绪胎教可以帮助胎宝宝做好临产的准备，帮助胎宝宝进行情绪管理。

胎教温馨小贴士

让胎宝宝感受父母的双重快乐：胎儿是一个活泼敏感的小生命，他的发育与母亲紧密相关，受母亲情绪影响更为明显。因此，准妈妈若疼爱"腹中人"，在临产前就要为宝宝创设良好的宫内环境和精神世界。母亲豁达乐观的情绪有助于小生命的健康发育，也有助于宝宝出生后形成活泼开朗的性格。准爸爸也要情绪乐观、积极地配合准妈妈的情绪调整，

父母乐观的性格会影响胎儿的性格形成趋向。如果是性格比较内敛和消极的母亲，要试着把自己的情绪调整到最佳状态，多想想开心和幸福的事，多看到世间美好的一面，把真善美的一面讲述给胎宝宝听，一方面是培养宝宝的性格取向；另一方面也会无形中转变自己性格中消极的一面。

进行适度的语言胎教、音乐胎教、运动胎教：让胎宝宝进入良好的临产状态

👑 胎教准备

这一时期，准妈妈不必过多采用刺激性大的胎教方法，如光照胎教等，最好采用准妈妈自己听音乐的方法来抚平心绪，像乐曲《平沙落雁》之类的天籁之声中表现出的虫鸣鸟叫、溪流海浪声等，都能安抚准妈妈紧张的心情。同时，可以进行语言胎教，适度进行运动胎教。

♛ 胎教实施

语言胎教可进行一些对话性的内容，比如对即将出生的宝宝发出问候语，母胎相互的鼓励和安慰等，为宝宝平安地来到人间做最后的准备。

准妈妈每天起床后可以对胎宝宝抚摸、说话。准妈妈可以问候他："早上好，宝宝。"当然，别忘了多多地赞美他，例如："宝宝好安静呀""宝宝真聪明"等，每次5～10分钟。

在对话或朗诵的同时，可以配上背景音乐，或者给胎宝宝听旋律轻盈明快、可使其心绪稳定的乐曲；准妈妈也可以每天哼唱几首自己喜爱的抒情歌曲或优美而富有节奏的小调等，对胎宝宝进行听觉训练。

天气晴朗的话，准妈妈可以出门做些轻微的散步活动。散步的时间也很重要，最好选在清晨或傍晚。散步时最好请准爸爸陪同，这样可以增加夫妻间的交流，也便于准爸爸对胎宝宝实施胎教。

由于临近分娩期，准妈妈不要散步太长时间，感觉有些累的话，准爸爸可以让准妈妈坐在宽大舒适的椅子上，准爸爸坐在距离准妈妈50厘米的位置上，然后对着准妈妈的腹部对胎宝宝说："乖孩子，爸爸就在旁边，你想听我对你说什么吗？"随后，准爸爸应该用平静的语调开始对胎宝宝说话，随着说话内容的展开，再逐渐提高声音，不要一下子发出高音，以免惊吓到胎宝宝。

对话的内容最好事先构思好，可以是一段优美动人的小故事、一首纯真的儿歌、一首浅显的古诗，也可以谈自己的家庭和周围美丽的景色。准爸爸要用诗一般的语言、童话一般的意境向胎宝宝描述外面这个美丽的新世界。

♛ 胎教效果

临近分娩期，准妈妈的胎教训练要适可而止，散步是这个时期最好、最安全的胎教方法。早晨在林间散步，空气清新，可改善和调节准妈妈大脑皮质及中枢神经系统的功能，增强抵抗力，有防病保健之功效，更有利于胎宝宝的健康发育。临近分娩期，准妈妈如果在散步中出现晕眩、恶心或疲劳等情况，应立即停止运动；如发生腹痛或阴道出血等情况，要及时上医院检查。

全面总结胎养胎教

　　"十月怀胎"对于女性来说，是一次珍贵而难得的经历。在这期间，一个女人从妊娠和胎教过程中尝到的辛劳、喜悦和对生命的感觉更是她一生中其他任何经历所无法给予的。因此，为孩子的健康和聪颖付出了一腔心血的准爸爸和准妈妈，此时再翻开自己饱含爱心写就的胎教日记时，心中该是多么激动和感慨啊！这本蕴含了他们所有爱心和希冀的胎教日记，又是多么珍贵啊！因此，这本记载了准父母怀孕前后的幸福、忧虑、感受、希望、遐想的日记，正是送给孩子的第一份人生礼物。

　　这份礼物既是与胎宝宝进行心灵沟通的过程，又是准父母对创造生命的一种深刻感受，还是夫妇爱心的见证，更是孩子对自己人生第一步的永久的甜蜜回忆。

　　在10个月的时光中，胎教日记里记录下了准父母的各种感受、准妈妈的生理变化、胎宝宝的反应……它在记录准父母给胎宝宝进行胎教的同时，也是准父母对胎教的一次全面学习。我们建议，准爸爸在完成了胎教的全过程后，精心整理一下胎教日记，再一次加强对胎教的深入而全面的认识，从而为孩子下一步的教育总结好经验、安排好计划，把宝宝胎教这个人生的起跑线延长、再延长……

 **密切关注胎动，掌握分娩必备常识**

如何运动助分娩

怀孕期间，准妈妈的身体会发生很多变化，因此有规律的运动，不仅对准妈妈和胎宝宝都有好处，而且可以帮助准妈妈的身体为艰难的分娩过程做好准备。那么，有哪些运动有助于分娩呢？

散步：散步可以帮助消化、促进血液循环、增加耐力，而耐力对分娩是很重要的。在孕晚期，准妈妈经常散步还可以帮助胎宝宝下降入盆，松弛骨盆韧带，为健康分娩做好准备。准妈妈散步的步速和时间要循序渐进，而且最好有家人陪伴。

孕妇体操：这种有氧运动有利于准妈妈分娩和产后恢复。它能松弛腰部和骨盆的肌肉，为分娩时胎宝宝顺利通过产道做好准备；经常练习的准妈妈还能增强自信心，镇定自若地应对分娩阵痛。孕早期的3个月，不要做跳跃运动；怀孕4个月后，可做全套体操，但最好不做弯腰和跳跃动作；孕晚期要减少弯腰和跳跃运动，运动的节拍也需适当控制，可以增加一些轻柔的活动，如活动脚腕、手腕、脖子等。

游泳：孕期游泳能增强母体的心肺功能，而且水的浮力可以减轻准妈妈关节的负荷，消除水肿、缓解静脉曲张症状，不易扭伤肌肉和关节。游泳对协调全身大部分肌肉、增强耐力等都非常有益。怀孕5～7个月是准妈妈最佳的游泳时间，而孕晚期为避免胎膜早破和感染应停止游泳。值得注意的是，胎膜破裂后准妈妈应停止此项运动。

轻松分娩的动作练习

在分娩之前，准妈妈可以通过动作练习来模拟分娩时的场景，以提前做好准备。

腹式呼吸的练习

腹式呼吸是阵痛或分娩时必做的项目。盘腿坐可以有效地松弛骨盆底部肌肉（阴道、肛门、尿道周边的肌肉）。

盘腿而坐，拉伸背部肌肉，双手放在下腹部。边呼气边放松双肩，然后用鼻子吸气，当腹部胀满后再用嘴慢慢呼气。反复练习2～3次。练习时注意力要集中在呼气上，时间尽量长一些。

双手分别放在两膝上，上身前倾，边呼气边轻轻向下按压双膝；然后直起上身，边吸气边慢慢恢复两膝至原来的位置。如此反复练习3次。

骨盆的练习

骨盆练习可以有效地预防准妈妈发生腰痛，还可以对分娩时所涉及的肌肉进行锻炼。

身体呈爬姿，手脚与腰同宽；边呼气边绷紧腹部，前倾骨盆，勾起后背。

吸气后，边呼气边放松腹部，然后一边恢复到原来的姿势一边向上抬头。

提腹运动

提腹运动可以收紧臀部肌肉和骨盆底部肌肉，有助于分娩。

身体呈仰卧姿势，弯曲双膝，与腰同宽；双手伸直，掌心朝下，放在身体两侧。

边呼气边挺起腰部。之后保持此姿势，边吸气边默数5下，然后再边呼气边慢慢放下腰部。如此反复练习3次。

放松腿部

放松腿部这种运动有利于腿部血液循环，可以预防准妈妈发生腿部肿胀、双腿发沉及静脉曲张。

身体呈仰卧姿势，收起双膝。

一条腿伸直并向上高举，脚尖绷紧后放松，再绷紧，放松，反复数次后，再弯曲膝盖，慢慢将腿放回到原来姿势，然后换另一条腿做。如此反复练习3次。

腰部扭转运动

腰部扭转这种运动可以锻炼准妈妈骨盆处的肌肉。

身体呈仰卧姿势，并拢双膝，向左侧慢慢放倒，大约呈45°；保持此姿势5秒，然后恢复成原来的姿势，再向右侧放倒。如此反复练习3次。

双腿与腰同宽，用腹式呼吸进行放松。

附录

天才宝宝的"延伸教育"

新生儿刺激训练

● 新生儿综合感觉教育要趁早

从胎教过渡到早教

胎教为早期教育提供了良好的基础，而早期教育又是胎教的进一步发展。因此，要将胎教很好地过渡到早期教育，就必须做好两者的衔接。也就是说要开展好对新生儿的教育。做好这个阶段的教育工作，意义十分重大。所以，新父母，尤其是新爸爸一定不要忽视这个时候对新生儿的教育。对宝宝的训练还需要持续一段时间，直到与早期教育衔接上。

继续给新生儿适宜的信息刺激

宝宝在出生以前，准妈妈已给予了胎宝宝音乐、语言、触摸刺激等胎教训练，为他输入了"信息流"。这些对胎宝宝的感觉器官和大脑产生了一定的影响，促进其神经元结构的形成。一般人认为，胎教至此应该告一段落。但由于宝宝在出生后6个月之内，是大脑细胞增殖的另一个高峰期。3岁以前这段时间是神经系统的髓鞘形成的高峰时期，所以新生儿和胎宝宝一样，也需要充分的营养供给，并继续需要适宜的信息刺激，才能进一步促进其神经系统的发展。

对新生儿要进行综合感觉教育

所谓综合感觉，实际上就是指有机地综合使用各种教育方法，以促进宝宝视觉、触觉、听觉的发展，以及对语言和音乐感觉的发展。

由于宝宝出生时大脑的大小和重量只有成人的1/3，神经细胞尚未成熟，神经纤维也没有形成完善的髓鞘，而相互间的联系几乎没有形成，所以，在出生后的初期，只有将大量的刺激传到感觉器官，再通过感觉细胞传达给大脑，才能促进其神经细胞的成熟。因此，尽管新生儿刚出生时根本不明白语言的意思，但还是要给他各种声音的刺激，这些刺激包括语言和音乐的刺激。除了声音刺激之外，还要给新生儿视觉和触觉的刺激，这些及时且适宜的感觉、视觉和触觉刺激，就是胎教的"加时课"，也是与早期教育的衔接链。

● 通过肌肤接触训练新生儿的综合感觉

对于新生儿来说，肌肤的触觉比较敏感。因此，可以通过肌肤接触来训练新生儿的综合感觉。

触觉培养对新生儿而言，就是要求母亲与他进行柔软亲密的肌肤接触，这是稳定新生儿情绪、消除新生儿心理不安的最重要的良方。这种肌肤接触的感觉对新生儿来说，在生产后30分钟内尤其重要。如果妈妈在产后就能以温柔的心情给予婴儿皮肤轻柔的刺激，不仅可以安抚他的情绪，而且对于形成其优良品格及个性也有很好的支持作用。

对新生儿的训练还包括培养他的感官能力，特别是视觉能力的产生与发展。此外，还可以逐渐对新生儿进行听力、运动、分辨色彩的训练。

新手父母的胎教与早教连接

● 拥抱：触感教育

早教专家杰利博士主张："在生产后，母婴立即生活在一起可以同时安定母亲与婴儿的情绪，是育儿最重要的条件。"这就是说，对刚出生的新生儿而言，能与母亲柔软的肌肤相接触，是稳定新生儿情绪、消除其不安心理的最重要的良方，这也充分说明了为什么分娩后一直哭个不停的新生儿，一接触到母亲的肌肤，听到熟悉的母亲心跳的声音便停止哭闹的原因。所以，如果健康的新生儿能与母亲同室睡眠、生活的话，有利于其进一步的成长。

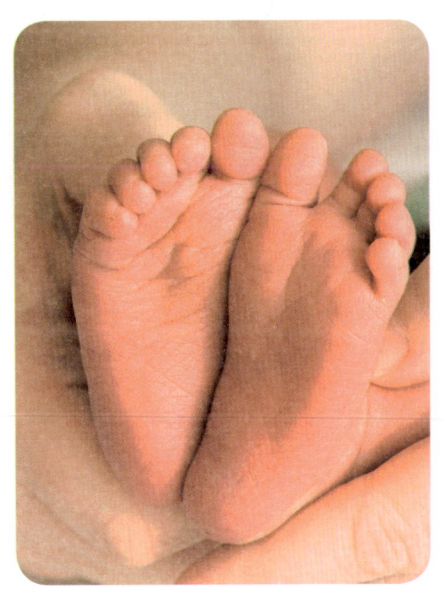

● 色彩：视觉教育

对新生儿的教育任务，主要是培养他的感官能力，促进其大脑结构和功能的进一步发展，特别是视觉能力的产生与发展。刚出生时，新生儿的眼睛虽然看得见，但是他眼中的世界是模糊的。出生后2～3周开始，新生儿才会目不转睛地注视颜色鲜艳的东西，所以在这段时间，可以对新生儿进行视觉方面的训练。可以给新生儿看颜色鲜艳的玩具，但要注意，刺激物与孩子眼睛的距离要保持20厘米左右，距离不可过远，因为太远了孩子看不见，而且也不要给他看很多不同颜色的玩具。

● 音响：听觉教育

除了视觉能力训练外，还要注意听觉的训练。听觉的集中是随着视觉的集中而发展的，一般新生儿在出生2～3周后便出现集中听声音的能力。因此，最好每天定时播放音乐，刚开始是让新生儿听曾经在胎教过程中给他听过的胎教音乐，以唤起他的回忆和对音乐的感受，然后再播放稍复杂的音乐，还可以用铃铛或铃鼓等玩具在他周围来回摇动，以吸引新生儿的注意，在照顾他时还可以说话或小声唱歌。

● 伏身：活动教育

在训练新生儿感官能力的同时，还要发展他的活动能力，这也是帮助他发展大脑、开发智力的有效措施。在新生儿出生后20～30天，可以训练他趴着的动作，最初以1～2分钟为限，以后再逐渐延长趴着的时间，也可以用悬挂的玩具或手拿的玩具逗引新生儿手的触摸动作。

● 微笑：情绪教育

注意发展新生儿的愉快情绪也是最初的情商教育。由于环境的改变和不适，新生儿在出生后的大部分时间内都是不愉快的。他们无论饿了、冷了、困了或尿布湿了，都只会以哭来表达，直到满月以后才出现愉快的情绪。有时，新生儿会对人们展现微笑；有时新生儿还会手舞足蹈。为了发展新生儿的愉快情绪，最好的办法就是趁他醒着的时候，经常以亲切的语气跟他说话，并用玩具逗他，让他在醒时能够活动积极，保持情绪愉快。

● 细心发现宝宝的特殊能力

音乐能力

宝宝的音乐能力，一般比其他能力表现得早。所谓音乐能力强主要是指宝宝对音乐的旋律、听觉和节奏感发展得好。

音乐能力强的早期表现是听觉好，当然缺乏早期表现，也并不一定缺乏音乐能力。因为早期表现还取决于家庭所给予的音乐环境，完全没有音乐熏陶的孩子在后来有计划地培养下，有些也能取得良好的成绩。这常常与宝宝的个性有关，如害羞的宝宝不敢开口唱歌甚至不会唱歌，但他如果有良好的音乐感受力，也能够发展成为优秀的指挥家或作曲家；节奏感强的孩子在演奏中会发挥得很好，成为演奏家是很有可能的。所以，在音乐领域中"天资"的表现是多种多样的，不能因为最初的一点不足而忽略了一棵好苗子。

那么，宝宝的哪些表现能说明他的音乐能力强呢？看看你的孩子是否曾经有过以下记录：

4个月时，有节奏地发出"啊……啊……啊"等元音；听大人唱歌或弹钢琴时有高兴的表现，会用声音去应和，不太注意高音。

11个月时，听见公鸡叫时，会大声随着叫，叫声中有唱歌的声音。

1岁时，大人唱歌或弹奏乐器时会跟着唱，会用手打拍子；会重复妈妈唱的摇篮曲两小节；坐火车听到汽笛鸣时也会模仿。

2岁多时，高兴地唱自己编的小调。

3岁多时，起床时大声唱自己编的歌曲。

随着宝宝的长大，还可以发现，音乐能力强的宝宝有良好的节奏感，对音乐的记忆力也特别好，唱歌不走调。

绘画能力

绘画能力强的宝宝有一个突出的表现，就是善于观察事物。他们能一下子抓住事物的主要形象，能用笔简括地表现出来。

常见的表现还有走不稳的宝宝拿着蜡笔到处涂画，这些宝宝往往较早表现出绘画的才能。

运动能力

运动能力的早期表现可以通过以下观察去发现：

婴儿期：婴儿肌肉发育的规律是先上后下。先发展颈肌，如竖抱时头能伸直，俯卧时能抬头，然后能用肘和手支撑，最后是大腿和小腿肌肉的发育。体能好的宝宝在每项运动测试中都表现优良，会翻身、打滚、坐、爬、站、走都较早；有些宝宝能早期学习游泳，喜欢做水上的各种运动。

幼儿期：孩子能跑能跳，能越过障碍物，身体灵巧，能钻过矮洞，会抛球、接球，也会踢球和瞄准。

语言能力

宝宝语言能力强的表现是9～14个月时就能渐渐咿呀学语地叫"爸爸、妈妈"，然后能称呼其他家庭成员到讲物名、讲1～2个字的话；15～18个月时会背两首儿歌（只占2%），会说"我的"（只占10%）；懂得指自己的身体部位。

计数能力

计数能力一般是指复述数、倒述数、倒数数的能力。而计数能力强的表现是：

复述数：根据特曼修订的儿童智力测试比内量表要求，7岁儿童能复述5位数。而有的2～2.5岁的孩子就能按顺序复述出口授的2位数；4.5岁的孩子就能复述任意排列的5位数。

倒述数：就是要求以相反的顺序把口授数字读出来。例如，口授319应倒述为913。根据"比内量表"要求7岁的孩子能倒述3位数，而有的孩子6岁时就能倒述3位数。

倒数数：就是5、4、3、2、1从大数到小数倒着数。国外许多专家认为，在7岁之前孩子不可能倒数20～1，而有的孩子4岁时就能倒数20～1。

如果宝宝在复述数、倒述数和倒数数等方面都超过标准，就说明宝宝有较强的计数能力。

● 用心培养宝宝的特殊能力

音乐能力培养

眼下，在众多的琴童中有一些孩子心灵手巧，有良好的节奏感，特别擅长弹奏快节奏的音乐，成为各种比赛的得奖者，被人们看成是音乐上的可造之才。那么，他们是否真被培养出来了呢？答案是否定的。正确的音乐能力的培养是用音乐的语言开启他的心智，教他学会用音乐的语言表达发自内心的声音，而不是仅仅停留在模仿、欣赏和技能上。所以，对有音乐才能的宝宝的培养不仅要培训他的音乐技巧，还要开发、提高他的音乐素养。

绘画能力的培养

如果宝宝的绘画能力较强，在培养他时首先要鼓励他的想象——尽管他常常将心目中所想的不切实际的场面反映到画中；其次，要带他到街上实地观察；最后，在宝宝临摹时要容许孩子表达自己的思维和特点。总之，培养宝宝绘画要有一定的原则性，也要有相当的灵活性，善于发现宝宝的优点，以肯定的态度给予鼓励，同时也指出其缺点，才能使之达到"构图完整、运笔流畅、色彩鲜明"的境地。

运动能力的培养

如果宝宝的运动能力较强，可以让孩子在3～4岁时就开始学习芭蕾舞的基本动作，练习用足尖支持体重，保持身体平衡。因为芭蕾舞的基本功在自由体操、冰上舞蹈和杂技表演上都用得着，而幼儿身体的可塑性大，有可能学习难度较大的技巧动作，为他运动方面才能的开发打好基础。

语言能力的培养

培养宝宝的语言能力最好的方式就是让孩子讲故事。讲故事既锻炼了宝宝的记忆能力，学习如何措辞，又启发了宝宝的想象力以及对文学的爱好。

此外，朗读和背诵儿歌也是培养宝宝语言能力的好方式。儿歌的形式活泼，便于用动作表演，音韵节律朗朗上口，最易被宝宝接受和传唱。如果宝宝在家长的熏陶下经常诵读诗歌，久而久之就能用即兴的诗句表达自己内心的感情，其创作才华就会源源不断地被挖掘出来。

计数能力的培养

计数能力培养最初的方式就是：让宝宝学数数，而学数数最有效的方法是从指认食物开始。约10个月大的宝宝可以通过竖起食指告诉他表明要1根香蕉，或要1块饼干，从而开始认识1；15个月大的宝宝教他区分数量在3以内的两堆糖果哪堆多；3岁前后的宝宝可以教他一边数糖果一边学习5以内的加法。经常让宝宝分食物、摆筷子，为宝宝上幼儿园打好基础。

LOVE

Taijiao Shengjing

胎教圣经

文图编辑	徐艳硕
版式设计	桃　子
美术编辑	王道琴
图片提供	海洛创意
	达志影像
	北京全景视觉网络科技有限公司
	上海富昱特图像技术有限公司